ENCORAJANDO PAIS

COORDENAÇÃO EDITORIAL
Aline Cestaroli

ENCORAJANDO PAIS

© LITERARE BOOKS INTERNATIONAL LTDA, 2021.
Todos os direitos desta edição são reservados à Literare Books International Ltda.

PRESIDENTE
Mauricio Sita

VICE-PRESIDENTE
Alessandra Ksenhuck

DIRETORA EXECUTIVA
Julyana Rosa

DIRETORA DE PROJETOS
Gleide Santos

RELACIONAMENTO COM O CLIENTE
Claudia Pires

EDITOR
Enrico Giglio de Oliveira

ASSISTENTE EDITORIAL
Luis Gustavo da Silva Barboza

REVISORES
Fernanda Nascimento e Sergio Ricardo Nascimento

CAPA
Victor Prado

DESIGNER EDITORIAL
Lucas Yamauchi

IMPRESSÃO
Gráfica Paym

Dados Internacionais de Catalogação na Publicação (CIP)
(eDOC BRASIL, Belo Horizonte/MG)

E56 Encorajando pais: práticas para educar crianças e adolescentes confiantes e capazes / Coordenadora Aline Cestaroli. – São Paulo, SP: Literare Books International, 2022.
16 x 23 cm : il.

Inclui bibliografia
ISBN 978-65-5922-256-8

1. Educação de crianças. 2. Pais e filhos. I. Cestaroli, Aline.
CDD 301.427

Elaborado por Maurício Amormino Júnior – CRB6/2422

LITERARE BOOKS INTERNATIONAL LTDA.
Rua Antônio Augusto Covello, 472
Vila Mariana — São Paulo, SP. CEP 01550-060
+55 11 2659-0968 | www.literarebooks.com.br
contato@literarebooks.com.br

SUMÁRIO

9   OS PERIGOS DE EDUCARMOS CRIANÇAS OBEDIENTES E O VERDADEIRO PROPÓSITO DA EDUCAÇÃO
Aline Cestaroli

17   TEM UM ADOLESCENTE NO MEU NINHO. E AGORA?
Adriana Rosa Silva

25   A HONESTIDADE EMOCIONAL E A VALIDAÇÃO DOS SENTIMENTOS NA PARENTALIDADE
Adriana Salezze

33   ALFABETIZAÇÃO EMOCIONAL: VALIDANDO OS SENTIMENTOS DOS PAIS PARA O DESENVOLVIMENTO SOCIOEMOCIONAL DOS FILHOS
Ana Casanova

41   COMO A COMUNICAÇÃO NÃO VIOLENTA PODE AUXILIAR NA PARENTALIDADE
Ana Vilma Silveira

49   ROTAS PARA O FUTURO: DESAFIOS E POSSIBILIDADES NA ESCOLHA PROFISSIONAL DO ADOLESCENTE
Andréia Rafael Quintelia

55   CONSTRUINDO A PRÓPRIA PARENTALIDADE: ENCONTRANDO O CAMINHO PARA SER PAI E MÃE A PARTIR DA SUA SABEDORIA INTERIOR
Cacilda Peixinho

63   TRANSTORNOS DE ANSIEDADE NA INFÂNCIA E ADOLESCÊNCIA
Carolina Huguett Batista

71   A IMPORTÂNCIA DA EDUCAÇÃO SEXUAL PARA CRIANÇAS E ADOLESCENTES
Cristiane Nogueira Nunes

79   AMOR É LUZ QUE CONECTA E TRANSFORMA
Fátima Chaves

87   AUTODESCOBRIR-SE PARA UMA PARENTALIDADE ENCORAJADORA
Fernanda Cañete Vebber

95   A CAMINHO DA VIDA ADULTA: TRAVESSIA DA ADOLESCÊNCIA
Franciele do Prado Andreazza

101   O AUTOAMOR NA CONSTRUÇÃO DO VÍNCULO PARENTAL
Gleisse Nunes Pires da Silva

109   RELACIONAMENTO CONJUGAL: O REENCONTRO DA INTIMIDADE E SEXUALIDADE APÓS O NASCIMENTO DOS FILHOS
Itiene Soares Pereira

117   TORNAR-SE ADOLESCENTE
Izabel Andrade

125   UM OLHAR PARA ALÉM DO DIAGNÓSTICO: CONSTRUINDO UMA PARENTALIDADE ENCORAJADORA
Jacquelini Ricartes Costa

131   A ATENÇÃO DA CRIANÇA: RELAÇÕES ENTRE PAIS E FILHOS NO ATO DE ENSINAR NA PANDEMIA
Julia Aparecida Bianchi Peretti

137   COMO UTILIZAR A COMUNICAÇÃO NÃO VIOLENTA PARA ENCORAJAR OS FILHOS PARA OS ESTUDOS?
Keiko da Costa Oikawa

143   A IMPORTÂNCIA DO APEGO SEGURO NOS PRIMEIROS ANOS DE VIDA
Kelly Borges

149   SEPARAÇÃO POSITIVA: POR UMA SEPARAÇÃO CONJUGAL CONSCIENTE E PACÍFICA
Lila Cunha

157   O ESTRESSE NA FAMÍLIA: FATORES DE PROTEÇÃO
Márcia Saar

165   O QUE ESPERAR DE NOSSAS CRIANÇAS
Maria Paula Duarte da Silva

173   DE REPENTE, PAIS
Michele Gameiro

181   ERROS COMO OPORTUNIDADE DE APRENDIZADO
Nelsilene Ferreira

189 A IMPORTÂNCIA DO BRINCAR
Patricia Rocha Busnardo

195 PARENTALIDADE ENCORAJADORA E EDUCAÇÃO EMOCIONAL
Regina Barreto

203 COMO IDENTIFICAR NAS CRIANÇAS SUAS NECESSIDADES EMOCIONAIS E O QUE PODEMOS FAZER PARA SATISFAZÊ-LAS?
Rejane Reis Ferreira Santos Silva

211 DESVENDAR-SE: UM CAMINHO DE DESCOBERTAS INTERNAS NA PARENTALIDADE
Silmara A. Z. M. Franzese

1

OS PERIGOS DE EDUCARMOS CRIANÇAS OBEDIENTES E O VERDADEIRO PROPÓSITO DA EDUCAÇÃO

Quando eu aprendi o que significava encorajamento, tudo fez mais sentido. Encorajar vem de coragem, que é formado por COR, de coração, e AGEM, de agir. Portanto ter coragem é agir com o coração e ENcorajar é incentivar o outro a agir com o coração. Coragem é o movimento que fazemos na direção de sermos a melhor versão de nós mesmos e encorajamento é o espaço que criamos para que os outros tenham coragem e sigam adiante para se tornarem melhores. Não sei você, mas eu acredito que o mundo precisa de crianças encorajadas e não de crianças obedientes, e é sobre isso que fala este capítulo.

ALINE CESTAROLI

Aline Cestaroli

Psicóloga (CRP 06/107500). Pós-graduanda em Neurociências e desenvolvimento infantil. Terapeuta da criança interior e de saberes femininos. Educadora parental, primeira infância e professora certificada em Disciplina Positiva (PDA/USA). Consultora em Encorajamento (EC/USA). Certificada pela PDA/USA "Empoderar pessoas no ambiente de trabalho". Idealizadora do programa *Encorajando Pais*. Tem como missão apoiar profissionais que desejam encorajar os pais a desenvolverem suas habilidades parentais para se conectarem com os filhos por meio de uma educação encorajadora. Coordenadora e coautora dos livros *Conectando pais e filhos*, volumes 1 e 2.

Contatos
www.encorajandopais.com.br
contato@alinecestaroli.com.br
Instagram: @aline.cestaroli
Facebook: aline.cestaroli
11 98286 7486

O papel dos pais na educação

Você vai concordar comigo que os pais são os líderes da família, certo? E como bons líderes, é importante que assumam a responsabilidade e que tenham a coragem de desenvolver o potencial dos filhos, para que se tornem quem realmente nasceram para ser. Porém, assim como em qualquer cargo de liderança, para liderar uma família é preciso desenvolver habilidades, pois ninguém nasce sabendo como educar e formar outro ser humano.

Quando uma criança nasce, junto com ela nasce um pai, uma mãe, uma avó, uma tia, e toda uma família. E toda essa mudança e reorganização de papéis e funções pode ser bastante desafiadora, pode gerar medo, insegurança, incertezas, preocupações, assim como também é fonte de alegrias, crescimento, evolução e aprendizados.

E, da mesma forma que nos preparamos para tantas outras funções na vida, também precisamos nos preparar para educar e formar outro ser humano. Ao contrário do que muitos dizem, educar não é instintivo. Os primeiros cuidados de um bebê podem, sim, ser instintivos. Conforme vão se conhecendo e vivendo essa simbiose, a mãe (e os pais mais participativos) vão aprendendo a interpretar o choro do bebê, distinguindo o choro de fome do choro de cólica ou de outro desconforto. Pais atentos e responsivos vão aprendendo a suprir as necessidades do bebê e essa relação vai sendo estabelecida.

Porém, conforme o bebê cresce e vai se desenvolvendo, essa criança vai se individualizando, buscando sua autonomia e querendo usar seu poder pessoal. Isso acontece por volta dos dois anos de idade e, geralmente, é um período que deixa muitos pais confusos, se sentindo impotentes e sem saber como lidar com as crises emocionais e as necessidades que essa criança passa a apresentar.

É muito comum os pais dizerem: "Ah, antigamente era mais fácil. Meu pai olhava pra mim e eu já sabia que tinha que obedecer". Esses pais estão certos em sua percepção. Talvez antigamente fosse mais fácil educar e, embora não se levasse em conta os efeitos em longo prazo, a curto prazo os métodos baseados no autoritarismo se mostravam eficientes para impor a obediência.

Por isso eu sempre digo para os pais que atendo: é preciso estudar para educar! E quando digo estudar, me refiro tanto a buscar informações sobre o desenvolvimento infantil e sobre práticas parentais mais encorajadoras, quanto a buscar o autoconhecimento, compreendendo quais são suas dores e feridas da infância que influenciam na relação com seu filho, e também compreendendo quais são as habilidades que consideram importante desenvolver para construir uma relação mais harmoniosa e saudável. Acontece que muitas vezes faltam aos pais encorajamento, conhecimento, habilidades e, também, disponibilidade interna para se conectarem com os filhos.

E por que os pais precisam de encorajamento?

Ser responsável por educar e criar um outro ser humano é entrar em contato com a sua própria vulnerabilidade, constantemente. Não existem garantias, é um processo diário de erros e acertos. A pressão social, as vozes internas que dizem para a mãe que ela não é boa o suficiente, o sentimento de culpa, a autocrítica, tudo isso faz com que as mães (e os pais também) entrem em contato com a sua vulnerabilidade. E a coragem e a vulnerabilidade andam de mãos dadas.

Os pais também precisam de encorajamento porque educar um filho requer autoconhecimento. Requer olhar para si, honrar sua história, acolher e curar suas feridas da própria infância. Autoconhecimento para aprenderem a reconhecer suas necessidades e sentimentos, para aprenderem a acolher sua sombra com mais amorosidade e compaixão, pois só assim conseguirão dar espaço para sua luz brilhar. Esse autoconhecimento também é importante para que os pais consigam separar o que é deles e o que é dos filhos, para que essa relação não vire um emaranhado, como é muito comum acontecer. Esse emaranhado faz com que os pais projetem no filho suas próprias necessidades e não lhe dê espaço para ser quem realmente é.

Para questionar padrões também é preciso coragem. Muitos pais acabam simplesmente reproduzindo a educação que receberam, sem parar para questionar se concordam ou perceberem qual caminho estão seguindo. Os pais precisam de encorajamento para ressignificar crenças desencorajadoras, crenças que limitam e que os impedem de estabelecer uma conexão verdadeira com os filhos. Precisam também do encorajamento para desenvolverem um *mindset* de crescimento, sem medo de olhar para suas áreas de incompetência e identificar quais habilidades devem desenvolver para que possam exercer sua missão da melhor maneira possível.

Os filhos não precisam de pais perfeitos, mas sim de pais conscientes e encorajados. E pais encorajados criam filhos encorajados. Filhos encorajados se tornam adultos confiantes e capazes de contribuir com a construção de um mundo melhor.

Qual é o objetivo da educação?

Muitos pais procuram psicoterapia para os filhos por conta da desobediência deles. Geralmente, os pais estão preocupados apenas com o que funciona em curto prazo, e quando nos dizem que já tentaram de tudo e nada funcionou, na verdade, estão dizendo que já tentaram punições, chantagens, barganhas, ameaças, retiradas de privilégio, dentre outras ferramentas comumente utilizadas para "disciplinar" as crianças e os adolescentes.

A forma como os pais interagem com os filhos, como se comunicam, como lidam com suas emoções e como os orientam faz muita diferença e tem um impacto enorme na maneira como os filhos se desenvolvem e formam seu autoconceito.

Acredito que vale a pena retomarmos o significado da palavra "disciplina". Disciplinar significa ensinar. A raiz de disciplina é a palavra discípulo, que significa aluno, pupilo e aprendiz. Um discípulo, aquele que recebe a disciplina, não é um prisioneiro nem alguém sendo punido, mas aquele que aprende por meio de instruções. A punição pode interromper um comportamento no curto prazo, mas ensinar oferece habilidades que duram a vida toda.

Acredito que o objetivo da educação seja preparar os filhos para a vida. Para isso, os pais precisam ensinar habilidades como autocontrole, comunicação assertiva, resiliência, empatia, responsabilidade, respeito, cooperação, dentre tantas outras. E, para que eles possam ensinar tudo isso, antes precisam desenvolver essas habilidades em si mesmos, afinal, só damos ao outro aquilo que temos e a ciência já comprovou, por meio dos neurônios-espelho, que aquela frase "Faça o que eu digo e não faça o que eu faço" não pode ser aplicada.

Talvez a educação das crianças tenha se tornado mais difícil hoje porque falta aos pais recursos e ferramentas baseadas na democracia, no respeito mútuo e na cooperação. De acordo com o dicionário, obediência significa submissão, realizar uma tarefa de acordo com as ordens de uma figura de autoridade. Significa que mudamos o nosso comportamento a pedido dessa figura.

Quando o foco da educação está apenas na obediência, é normal que os pais queiram utilizar as ferramentas que funcionam no curto prazo, como é o caso da punição; porém, muito mais importante que fazer com que os filhos façam aquilo que os pais querem, é ensiná-los habilidades e competências de vida para que desenvolvam autoconsciência e se tornem capazes de fazer boas escolhas na vida sem depender de punições ou recompensas.

Em outra época, a obediência foi bastante valorizada, mas, na sociedade atual, para que uma pessoa se torne bem-sucedida, feliz e seja capaz de contribuir ativamente com a construção de um mundo melhor, são necessárias outras habilidades e características de vida. Nem sempre o que queremos no curto prazo é o melhor quando consideramos o longo prazo.

Quando os pais olham para o curto prazo, principalmente quando estão diante de tantos desafios de comportamento, como brigas, desobediência, falta de cooperação, birras, entre outros, tudo o que eles querem é que os filhos sejam bonzinhos, bem-comportados e que obedeçam. Mas será que esse é o propósito da educação? Eu acredito que não.

Afinal, qual é o problema da obediência?

Vou relacionar aqui alguns pontos que considero importantes para repensarmos sobre porque os pais não devem focar em uma educação baseada na obediência:

Quando o foco está apenas em criar crianças que obedeçam, limitamos todo o potencial desse ser e isso gera um impacto significativo no futuro da sociedade. Crianças criadas para obedecer ficam limitadas no desenvolvimento de habilidades socioemocionais e de vida. Podem perder a capacidade de pensar por si mesmas, de criar novas soluções e de contribuir com a sociedade de maneira mais proativa.

Geralmente, essas crianças ficam com o senso de autonomia e autoconfiança prejudicados, por acreditarem que dependem dos outros para fazerem o que precisa ser feito, o que compromete a capacidade de focar em soluções e desenvolver um senso crítico acerca das situações.

Não exigir uma obediência cega não significa permissividade. As crianças precisam de limites, assim como precisam ser tratadas com dignidade e respeito. Eu costumo dizer que o mundo precisa de crianças encorajadas e não de crianças obedientes.

As crianças que aprendem a obediência podem se tornar "viciadas em aprovação" e obedecerem a quem quer que exerça controle sobre elas – primeiro a família, depois a escola, os amigos, pessoas de má influência, relacionamentos abusivos e assim por diante.

Algumas crianças se recusam a perder o senso de poder e se tornam rebeldes.

Quando os pais não compreendem esses efeitos e buscam a obediência cega, acabam reforçando uma disputa por poder, gerando desconexão e desencorajamento.

Se não a obediência, então o quê?

Penso que ao invés de buscar a obediência das crianças, os pais deveriam ensinar sobre cooperação, respeito mútuo e responsabilidade social. As crianças precisam de orientação, não de punição.

Atualmente, as relações humanas apropriadas requerem o respeito mútuo, ou seja, o respeito por si mesmo e pelo outro. Rudolf Dreikurs, psiquiatra e principal disseminador da teoria adleriana, disse que a maioria dos erros cometidos na educação das crianças constitui uma violação do respeito do adulto por si mesmo, ou pela criança. Quando o adulto age de modo autoritário, falta o respeito pela criança, porém, quando age de forma permissiva, falta com o respeito a si mesmo. Por isso, ensinar as crianças a serem responsáveis e morais é mais importante que a obediência. E como conseguimos isso? A resposta é a conexão. A qualidade da relação entre pais e filhos é a melhor maneira para conquistar cooperação e ensinar sobre respeito mútuo. Nenhuma criança coopera com o outro se não se sentir ligado a ele. Sendo assim, o foco da educação deve ser o cuidado no estabelecimento de um vínculo seguro e positivo. Gosto muito de uma frase da Lya Luft em que ela diz: "A infância é o chão sobre o qual caminharemos o resto de nossos dias".

Quando compreendemos que a infância é a base e oferecemos recursos para os pais exercerem uma liderança encorajadora, que ajude os filhos a prosperarem na vida, estamos contribuindo para a construção de um mundo melhor, impactando e transformando as futuras gerações.

Referências

BROWN, B. *A coragem para liderar*. Rio de Janeiro: Bestseller, 2019.

DREIKURS, R.; SOLTZ, V. *Como educar nossos filhos nos dias de hoje: liberalismo x repressão*. Rio de Janeiro: Record, 1964.

GOTTMAN, J. *Inteligência emocional e a arte de educar nossos filhos: como aplicar os conceitos revolucionários da inteligência emocional para uma compreensão da relação entre pais e filhos*. Rio de Janeiro: Objetiva, 2001.

LOTT, L.; MENDENHALL, B. *Autoconsciência, aceitação e o princípio do encorajamento: pensar, sentir e agir como uma nova pessoa em apenas 8 semanas*. Barueri: Manole, 2019.

MILLER, A. *No princípio era a educação*. São Paulo: Martins Fontes, 2006.

NELSEN, J. *Disciplina Positiva: o guia clássico para pais e professores que desejam ajudar as crianças a desenvolver autodisciplina, responsabilidade, cooperação e habilidades para resolver problemas*. Barueri: Manole, 2015.

NELSEN, J.; LOTT, L. *Disciplina Positiva para adolescentes: uma abordagem gentil e firme na educação dos filhos*. Barueri: Manole, 2019.

PERRY, P. *O livro que você gostaria que seus pais tivessem lido: e seus filhos ficarão gratos por você ler*. São Paulo: Fontanar, 2020.

ROGERS, C. *Tornar-se pessoa*. São Paulo: WMF Martins Fontes, 2009.

2

TEM UM ADOLESCENTE NO MEU NINHO. E AGORA?

Este capítulo tem como objetivo apresentar aos pais e familiares elementos importantes sobre a fase da adolescência, um período marcado por mudanças físicas, psíquicas, emocionais e sociais. A compreensão do processo possibilitará conexões mais afetivas com seus filhos, dando-lhes a oportunidade de desenvolver seu potencial criativo, habilidades e competências importantes para a vida.

ADRIANA ROSA SILVA

Adriana Rosa Silva

CRP 06-76446. Psicóloga clínica pela Universidade Metodista de Piracicaba – Unimep. Psicopedagoga clínica pela Pontifícia Universidade Católica de Campinas – PUCCamp. Especialista em Terapia Familiar e de Casal pela Pontifícia Universidade Católica de São Paulo – PUC-SP. Formação em Neuropsicologia pelo Centro de Estudos de Neurologia do Hospital das Clínicas da Faculdade de Medicina da Universidade de São Paulo (FMUSP). Gestora educacional e educadora de crianças e adolescentes, orientadora de pais e professores desde 1994. Facilitadora do programa *Encorajando Pais*. Estudiosa na área de Psicologia, Neuropsicologia, infância, adolescência, parentalidade e educação. Ministra palestras e cursos para pais, educadores e profissionais da área. Colunista da revista digital *O Pólo*.

Contatos
Clínica: VIVER E SER
adriprs@gmail.com
Instagram: @adrianapereirarosasilva
Facebook: Adriana Pereira Rosa Silva
19 99156 9265

> *Amar é ter um pássaro pousado no dedo. Quem tem um pássaro pousado no dedo sabe que, a qualquer momento, ele pode voar.*
>
> RUBEM ALVES

A notícia da gravidez geralmente é algo surpreendente, uma explosão de sentimentos como amor, alegria, medo, insegurança e expectativas. Em meio aos pensamentos revoltos, há apenas uma certeza: a de que a partir daquele momento o seu coração não mais lhe pertence e passa a ser ocupado por um "serzinho" ainda desconhecido.

Assentadas algumas emoções, inicia-se o planejamento, surgem as idealizações, os desejos e as fantasias. Durante o período de espera e o desenvolvimento do feto, uma mãe se prepara para sua mais importante missão, com novos aprendizados e experiências, constantes tentativas, fracassos e superação.

Após o nascimento, gradativamente, motivamos e ajudamos nossos filhos a explorarem o mundo ao seu redor, ensinamos a engatinhar, andar, falar... e como lindamente escreveram Nelsen e Lott (2019, p. 15): "Construímos pontes com extremidades próximas". Assim, as crianças têm oportunidades para experimentarem e aprenderem.

É verdade que, à medida que vão crescendo, afastamos as extremidades da ponte para que tenham autonomia e se tornem mais habilidosos, mas fazemos de um jeito que também se sintam cuidados e seguros. As conquistas de nossos pequenos são consideradas marcos para o seu desenvolvimento físico, social e emocional.

Fatos que nos geram alegria e orgulho. Fotografamos, filmamos e atualmente postamos nos grupos e nas redes sociais, compartilhamos orgulhosos todos esses momentos e, muitas vezes, como um troféu narcísico, os colocamos no pódio como sendo os melhores.

Mas é sempre assim? Poderiam perguntar aquelas que não se aventuraram nessa experiência materna, e novamente buscando as palavras de Nelsen e Lott (2019) eu diria que, infelizmente, nem sempre criamos pontes com extremidades próximas com nossos filhos, principalmente na adolescência. Por que não queremos? Não conseguimos? Ou não sabemos como fazer?

As funções materna e paterna muitas vezes são romantizadas; mas, além das delícias, há dores, muita responsabilidade e angústia nesses papéis. Enquanto nossos filhos são pequenos e estão sob nosso olhar, nosso cuidado e nossa proteção nos sentimos menos fragilizados, impotentes e também mais valorizados. Porém, à medida que crescem, nos assustamos com as mudanças em seu corpo, estilos, questionamentos e, principalmente, suas reações.

Há quem diga que na fase da adolescência quase não os reconhecemos. Como assim? Quem é esse "estranho no ninho" que não mais aceita nossos carinhos, presença, brincadeiras e comandos? Que fase tão temida é essa? E agora, como fazer?

Deixamos de ocupar o lugar de atores principais em seu enredo e passamos a ser coadjuvantes, quando não, por vezes, nos sentimentos apenas figurantes. No primeiro momento, todas essas mudanças podem ser assustadoras e inquietantes.

Siegel (2016) destaca a adolescência como um período da vida, com duração que vai aproximadamente dos 12 aos 24 anos, e que pode ser ao mesmo tempo desconcertante e maravilhoso, uma época de grandes desafios, tanto para os jovens quanto para os adultos do seu círculo familiar.

É importante compreendermos que a busca feita pelos adolescentes por uma nova identidade é um caminho cheio de desvios, oscilações e incertezas a respeito do que realmente querem ser.

Trata-se de uma fase de acontecimentos psíquicos marcada por sofrimentos inevitáveis. É a entrada no mundo dos adultos, ao mesmo tempo desejada e também temida, por implicar a perda definitiva da condição de criança. Para Aberastury (1981), citada por Albuquerque (2002, p. 42): [...] "É um período marcado por contradições, ambivalências, dores e atritos com o meio familiar e social".

Jerusalinsky (2004, apud OLIVEIRA e MACHADO, 2014) afirma que o adolescente caminha, inexoravelmente, na direção da fase adulta ao lado dos lutos e das turbulências hormonais; este se faz caracterizado pela indecisão – de um lado já não é mais criança, de outro, ainda não é um adulto e, ao mesmo tempo, não consegue e nem sabe como fará para definir sua identidade perante os demais.

Siegel (2016) ressalta que também existem mitos presentes nessa fase, e um dos mais expressivos é o de que todas as mudanças na adolescência são justificadas pela alteração hormonal. O autor destaca que realmente há um aumento significativo dos hormônios, porém, é o resultado de alterações cerebrais no adolescente que justificam muitas mudanças nesse período.

Dizer ainda que a adolescência não passa de uma época de imaturidade e que nossos filhos só precisam crescer, e tudo é uma questão de tempo e paciência, é uma visão limitada desse momento que é essencial para o desenvolvimento de habilidades e competências de vida.

Houzel (2013) ressalta a importância de reconhecermos que o cérebro do adolescente é fundamentalmente diferente, tanto do cérebro infantil quanto do adulto, e que essa diferença pode explicar muitas mudanças nos comportamentos típicos dessa fase.

A adolescência é a época inevitável da transição de um cérebro da infância para um cérebro adulto, mas não apenas como aumento generalizado de peso ou volume cerebral – de fato algumas estruturas crescem e outras encolhem, também sofrem reorganizações químicas e estruturais, e todas acabam por amadurecer funcionalmente.

O sistema de recompensa passa por grandes mudanças, e com isso mudam os gostos, as vontades, os ímpetos e os desejos. Para Houzel (2013, p. 11), o adolescente faz o melhor que seu cérebro consegue fazer: "O comportamento do adolescente é resultado de um cérebro adolescente. Nada mais, nada menos." Essas mudanças oferecem tanto riscos como oportunidades.

Beja (2010) destaca que é preciso também sublinhar a importância de uma leitura da adolescência do ponto de vista familiar e sistêmico, o que não exclui a compreensão do processo de desenvolvimento individual, seja psíquico ou neurobiológico, mas de forma que essa leitura possa enriquecer e contextualizar a adolescência na trama das relações humanas em que acontece.

Ao compreender especificamente essa fase numa perspectiva apenas individual do sujeito no seu percurso de desenvolvimento, corremos o risco de perder a possibilidade de situar os fenômenos particulares nos diferentes contextos relacionais.

Em uma perspectiva sistêmica, a adolescência deve ser vista a partir de uma abordagem global dos indivíduos e os problemas emergentes nessa fase também acontecem a partir do jogo de interações que se estabelecem nos sistemas a que pertencem.

Para poder ascender ao mundo adulto, o adolescente precisa resolver interna e externamente as tarefas que se perdem com a modificação da relação com os pais, com os pares, com o corpo e, assim, construir a própria identidade.

A família continua sendo um importante elo de desenvolvimento, apesar de não parecer, pois é nela que acontecem as interações mais diretas e as experiências mais significativas. Sendo assim, a partir do ponto de vista sistêmico, de uma visão relacional e contextual da adolescência, temos uma compreensão de desenvolvimento do adolescente a partir das relações específicas entre os aspectos do indivíduo e de seus contextos.

Birman (2006, apud OLIVEIRA; MACHADO, 2014) traz outra questão que precisamos refletir sobre a fase, o momento e o contexto em que estamos inseridos: a adolescência contemporânea tem sido marcada decisivamente pela presença da solidão afetiva.

Entregues, muitas vezes, à companhia de videogames, celulares, TVs e computadores por longas horas, não são poucos os adolescentes privados de investimento afetivo familiar e também da própria experiência de construção de identidade. Um fenômeno que hoje podemos chamar de parentalidade distraída, porém, esse é um assunto mais complexo e merecedor de outro capítulo para refletirmos sobre o tema.

Bom, agora que já sabemos um pouco mais sobre as mudanças neurobiológicas e psicossociais sobre a adolescência, será que é possível ter um olhar diferente para nossos jovens? Será que podemos acolhê-los com mais tranquilidade e compreensão em nosso ninho?

Nosso olhar deve ser para julgar ou compreender? Nossas ações têm sido construir pontes e aproximar extremidades? Quebramos muros que nos afastam? O que temos feito para encorajá-los na superação dos inúmeros desafios e mudanças?

Acreditamos que como pais fazemos o melhor que podemos e com as ferramentas que nos foram apresentadas, mas refletir sobre nosso papel e nossa função parental pode nos ajudar a evoluir em busca de um relacionamento mais saudável, compreensível, de forma a colaborar para que nossos filhos adolescentes possam viver experiências positivas em busca de sua identidade.

Até aqui demos os primeiros passos, avançamos em busca da compreensão sobre as mudanças e desafios da adolescência. Agora convido-os a pensar sobre como foi a sua adolescência.

Quais características comportamentais se mantêm até hoje? Se persistiram, por quê? O que sentíamos? Como lidávamos com nossos erros? Eram vistos como oportunidades de aprendizado? Quem foram seus mais fiéis incentivadores? O que diziam sobre nós? Quais habilidades e competências desenvolvemos? Olhar para nossa história pode nos ajudar a entender quais foram nossos maiores desafios e compreender que nossos filhos também serão capazes de superar os seus.

O que os outros pensam sobre nós pode moldar a maneira como nos enxergamos e nos comportamos. Comentários negativos que muitos adultos projetam direta ou indiretamente, adjetivos como preguiçosos, descontrolados, bagunceiros... não nos motivam a evoluir, pelo contrário, interferem diretamente em nosso autoconceito. Precisamos encorajá-los a despertar o que têm de melhor, desenvolverem seu real potencial e serem felizes.

Uma das mais importantes tarefas na educação emocional de nossos adolescentes é ajudá-los a experimentarem os erros como oportunidades de aprendizado, mas isso só é possível se também aplicamos o princípio em nossas próprias vidas – vamos errar como pais, porém precisamos humildemente reconhecer e nos responsabilizarmos por tomadas de atitudes que não geram crescimento e, assim, buscar soluções.

Precisamos desmistificar o conceito de adolescente ideal e olharmos para as características de cada um deles com inúmeras potencialidades; assim poderão prosperar e não apenas sobreviver a essa fase. Gosto muito de um texto da psicóloga clínica Vanessa Moura, mãe de dois adolescentes, que diz:

"[...] às vezes me pergunto se o meu olhar para os meus filhos é puro. Uma pureza no sentido de enxergá-los no sentido real, sem julgamentos, sem estar contaminada de interpretações. Enxergá-los como são e como se sentem bem em ser.

É fácil e tentador falar de respeito, mas sem perceber me carregar de 'porém', 'senão', 'mas', 'e se'... Vamos nos constituindo ao longo da vida e ao mesmo tempo vamos reduzindo a nossa capacidade de aceitação incondicional. Por isso, vira e mexe, penso sobre isso, porque assim tenho a oportunidade de perceber se estou permitindo que eles sejam ou se estou tentando transformá-los do meu jeito.

Dizer "Te vejo" é tão poderoso quanto dizer "Te amo" porque se estou vendo os meus filhos como eles são, como seres humanos reais, estou amando sem estabelecer condições. Te vejo é olhar para a essência.

Não é fácil ver, despir o meu olhar de tantas experiências, crenças e julgamentos que carrego, mas diariamente me esforço. Ver o outro pode ser dolorido, porque tudo aquilo que me incomoda é porque toca fundo nas minhas feridas. Mas quero ver os meus filhos, cada dia mais, como eles são e com todas as transformações que eles vivem na adolescência diariamente".

Encerro fazendo esse convite a todos os pais e profissionais que trabalham com adolescentes. Vamos olhar para nossos jovens como realmente são, com dificuldades, defeitos e manias, mas acima de tudo com potencialidades, criatividade, desejos e expectativas. Vamos acreditar que podem, com suas características marcantes, buscar transformações para que construam relações mais respeitosas, afetivas e gerem transformações para uma humanidade mais consciente, amorosa e responsável. Vamos deixá-los voar!

Acredito nessa geração e os convido a acreditarem também, se necessário, busquem ajuda profissional, afinal não nascemos pais, criamo-nos e nos aperfeiçoamos como. Abraço carinhoso!

Referências

BEJA, M.J.P. Adolescência: do indivíduo à família. In: *International Journal of Developmental and Educational Psychology – Psicología Positiva Y Ciclo Vital*. Portugal: INFAD – Revista de Psicologia, vol. 2, Jan-Mar 2010.

HOUZEL, H. S. *O cérebro adolescente: a neurociência da transformação da criança em adulto*. 2013. E-book.

NELSEN, J.; LOTT, L. N. *Disciplina Positiva para adolescentes: uma abordagem gentil e firme na educação dos filhos*. Tradução Bete P. Rodrigues, Ruymara Teixeira de Almeida. 3. ed. São Paulo: Manole, 2019.

OLIVEIRA, A. M.; MACHADO, M. A adolescência e a especulação da vida. *In: Psicologia & Sociedade*, vol. 27, n. 3, 2014.

SIEGEL, D. J. *Cérebro adolescente: a coragem e a criatividade da mente dos 12 aos 24 anos*. Tradução: Ana Claudia Hamati. São Paulo: nVersos, 2016.

3

A HONESTIDADE EMOCIONAL E A VALIDAÇÃO DOS SENTIMENTOS NA PARENTALIDADE

Como orientadores, os pais devem guiar os filhos para a descoberta, o contato e a regulação de suas próprias emoções. Mas não há como fazer isso sem honestidade e compaixão. Ser honesto com as próprias emoções e acolhê-las "com paixão" aumentará a conexão com os filhos e fará de você um ótimo "preparador emocional", criando filhos mais felizes, autênticos e capazes de estabelecer relações mais duradouras e saudáveis.

ADRIANA SALEZZE

Adriana Salezze

Psicóloga graduada pela Ufes em 1996, especialista em Neuropsicologia, com formação em hipnose ericksoniana, sexologia, gestalt-terapia e humanização hospitalar. Formação master e pós-graduação em Programação Neurolinguística e em Atendimento Sistêmico a famílias, comunidades e redes sociais. Terapeuta clínica com experiência em tratamento de traumas com uso de EMDR e *brainspotting*, além de vários cursos e ferramentas para auxiliar no trabalho terapêutico – terapia da linha do tempo, ativador imunológico, eneagrama, constelação familiar, *biofeedback* e *neurofeedback*. Autora e facilitadora do programa *Comunicação para educadores da pré-escola*, voltado para profissionais que atuam em creches e pré-escolas. Trabalho de desenvolvimento com psicólogos clínicos iniciantes e supervisora em atendimentos clínicos. Atendimento e orientação parental a famílias e pais. Facilitadora certificada do programa *Encorajando Pais*.

Contatos
asalezze@hotmail.com
Instagram: @adrisalezze
27 99972 8045

Nenhuma herança é tão rica quanto a honestidade.
WILLIAM SHAKESPEARE

O reconhecimento da emoção

Como você se sente agora? Que emoção sente neste momento ao iniciar a leitura deste capítulo?

Você já parou para pensar nisso? Se ainda não o fez, experimente fazer isso agora. Pare por um momento, feche seus olhos, tome uma respiração profunda, perceba seu corpo, ouça seus pensamentos e sinta suas sensações no corpo. Identifique que emoção está presente em você neste instante. Fique com a primeira emoção que lhe vier à mente.

Não estamos acostumados a identificar, nomear e tomar consciência de nossas emoções, muito menos nos conectarmos a elas, experimentando as reações do nosso corpo e da nossa mente a cada emoção.

Para isso, é importante que nos coloquemos em posição de observação e escuta. Somente observando nossas reações, escutando nossos diálogos internos e sentindo as sensações no nosso corpo, seremos capazes de conhecer intimamente nossas emoções. Conhecer o que estamos sentindo nos faz conhecer a nós mesmos.

Estamos falando de conhecer-se intimamente, com gentileza, mas com honestidade, tanto em relação às emoções agradáveis, quanto nas emoções que trazem desconforto e incômodo. Só quando aprendemos a reconhecer que há uma emoção, identificar como ela se manifesta em nosso corpo e em nosso pensamento, dar a ela um nome e perceber em que momentos ela aparece, é que poderemos nos conectar a essa emoção e manejá-la adequadamente.

O que são as emoções?

Sabemos o que são quando as sentimos, mas é difícil colocar em palavras o que significam na experiência. De forma mais técnica, podemos dizer que são programas biológicos desenvolvidos ao longo da evolução com papel fundamental no desenvolvimento das experiências humanas. São formas de expressão que acompanham todos os eventos do nosso existir. Se as palavras e eventos de nossa vida não forem acompanhadas pelas emoções adequadas, certamente perderão credibilidade. Portanto, as emoções podem ser mais importantes do que as palavras.

Elas moldam a nossa vida e dão à nossa mente um senso de sentido para as coisas. Nada nos faz sentir mais humanos do que as emoções. Elas são capazes de nos organizar, mas também podem trazer o caos ao nosso sistema interno. A capacidade de expressá-las e regulá-las é que nos torna mais ou menos inteligentes emocionalmente. São também a nossa primeira forma de comunicação com nossos filhos.

Honestidade emocional

> *A **honestidade emocional**, e não a perfeição, é o que os filhos de fato necessitam dos pais. A criança observa o tempo todo suas reações de raiva, alegria, frustração, contentamento e êxito, e como você as expressa diante dos outros.*
> *É preciso ser modelo de franqueza, fazendo as crianças entenderem que não há problema em sentir todas as emoções possíveis. Muitos pais e mães consideram mais fácil lidar com os filhos em momentos felizes, mas, quando se trata de emoções mais complexas, como raiva, agressividade e ansiedade, o desafio é muito maior e, como resultado, a criança aprende menos a respeito desses sentimentos, o que pode afetar sua capacidade futura de controlá-los. Reconhecer e aceitar desde cedo todas as emoções, inclusive as ruins, facilita a vida.*
> (Crianças dinamarquesas, SANDAHL; ALEXANDER, 2017, p. 37)

É impossível dar aquilo que não recebi! Essa é uma máxima muito real, mas para a realidade dos nossos pais. Hoje, a realidade é outra. É possível se preparar para ser pais: lendo, ouvindo, pesquisando, estudando. A educação parental tornou-se grande aliada em nossa nobre missão.

Tendemos a repetir automaticamente padrões aprendidos em nossa infância, e muitas dessas configurações-padrão baseiam-se em uma "não expressão", um bloqueio, um não permitir-se sentir. Muitas emoções foram reprimidas em nossa educação por serem feias, negativas, falta de respeito ou porque "homem não chora", "isso é frescura", "não foi para tanto", "seja forte", entre muitas outras coisas que ouvimos de nossos educadores ao longo da vida. Ao invés de sermos apoiados, muitas vezes fomos criticados, julgados e, até mesmo, rejeitados quando expressamos honestamente nossas emoções.

Para ser bom pai ou boa mãe, é necessário um elevado grau de autoconsciência. Conhecer, identificar e acolher suas próprias emoções pode nos tirar do modo automático, fazendo que nosso funcionamento emocional desvie-se da configuração-padrão que aprendemos. Praticar a honestidade emocional implica em aprender sobre seu funcionamento interno, suas reações diante das situações, as manifestações disso no seu corpo e na sua mente. Mas também alude a uma autoempatia para acolher aquilo que surge; receber "com-paixão" a emoção que emerge nos vários momentos vividos. Gentileza, respeito, compaixão e empatia precisam ser aprendidos e praticados em relação a si mesmo.

O que ensinamos com isso?

Educar é uma das tarefas mais desafiadoras e gratificantes que nos foi confiada. A missão de criar filhos felizes, emocionalmente seguros, resilientes, que saibam administrar suas próprias emoções e construir relações saudáveis é de extrema importância. A famosa expressão "inteligência emocional", tão em alta, prediz muito mais o sucesso e a felicidade do que a inteligência cognitiva. E ela nada mais é do que a capacidade de identificar e administrar honestamente as emoções, mesmo diante de situações de estresse. Aprender a acessar suas próprias emoções ajudará a entrar mais em contato com as emoções de seu filho e se conectar com ele.

> A comunicação que envolve a consciência das próprias emoções, a habilidade de partilhar respeitosamente nossas emoções e um entendimento empático das emoções de nossos filhos formam a base para construir relacionamentos inquebrantáveis com eles.
> (Parentalidade Consciente, SIEGEL, 2020, p. 73)

Devemos lembrar que os filhos aprendem e desenvolvem a consciência e a inteligência emocional por meio do referencial dos pais. Na infância, as crianças aprendem por modelação emocional, a princípio observando e imitando e depois reencenando e praticando aquilo que viram. Só depois estarão aptos a fazer a autorregulação emocional. Portanto a maneira como regulamos e expressamos nossas emoções influencia diretamente a maneira como nossos filhos o farão.

Quando nesse processo de desenvolvimento da autorregulação, eles aprendem a expressão da emoção com honestidade, desenvolverão, concomitantemente a isso, várias habilidades e recursos internos primordiais para serem adultos felizes, confiantes e resilientes. Os pais devem se envolver e se conectar com as emoções dos filhos, usar as emoções (tanto as agradáveis quanto as desagradáveis) como oportunidades de ensinar habilidades de vida aos filhos.

Os pais são os orientadores emocionais dos filhos, e como tal devem ajudá-los a desenvolver as habilidades de vida que podem levá-los a serem adultos emocionalmente saudáveis e bem-sucedidos.

Conheça algumas dicas para ajudá-los nesse processo de ser honesto com suas emoções e na orientação emocional:

- Tenha consciência de suas emoções: Ser capaz de detectar que a emoção está presente diante de um evento, com franqueza e sensibilidade.
- Perceba onde e de que forma a emoção se manifesta em seu corpo. Descreva as sensações no seu corpo da forma mais simples possível. Ao invés de dizer apenas "Estou angustiada", diga: "Sinto um grande aperto no peito e minha garganta parece ter um nó".
- Nomine sua emoção, sem julgá-la: Desenvolva um vocabulário emocional para facilitar sua expressão. Não há emoções "boas" ou "ruins", todas são partes de nós. Merecem respeito e um nome, mas não uma classificação.
- Acolha e valide sua emoção: Seja gentil consigo mesmo. Todas as emoções são importantes e precisam ser validadas. Cada uma tem uma função importante em nossa vida.
- Tenha consciência das emoções do seu filho: Aprenda a reconhecer e identificar as reações e expressões emocionais dele.
- Ajude-o a identificar as emoções que está sentindo: Ensine o que você aprendeu, a conscientização de pensamentos, sensações e manifestações físicas advindas de cada emoção.

- Ajude-o a nomear a emoção: Compartilhe com ele seu vocabulário emocional. À medida que você pratica isso em sua vida, a criança se familiariza e aprende a utilizar os nomes adequados às suas próprias emoções.
- Valide a emoção do seu filho: Crie uma "conexão empática" com ele, uma compreensão respeitosa, pela qual ele possa sentir que você está presente e realmente escutando o que ele sente. Afinal, todos nós, quando estamos sofrendo, precisamos de presença e empatia.
- Crie com ele formas e estratégias para expressão e manejo de suas emoções: Toda emoção é válida, mas nem todo comportamento decorrente da emoção é adequado. A criança pode criar formas mais saudáveis e apropriadas para expressar suas emoções.

Para ajudar a desenvolver um vocabulário de sentimentos e emoções que nos ajude a expressar com mais clareza o que está acontecendo dentro de nós, colocamos aqui uma lista de nomes que podem expressar sentimentos e emoções em diversos contextos. São apenas uma sugestão, lembrando que a sua emoção será nominada da forma que melhor lhe convier.

Alguns sentimentos básicos comuns a todos nós.

Como me sinto quando...

Minhas necessidades são atendidas	Minhas necessidades não são atendidas
Maravilhado	Zangado
Confortável	Incomodado
Confiante	Preocupado
Ávido	Confuso
Cheio de energia	Decepcionado
Realizado	Desanimado
Seguro	Angustiado
Esperançoso	Envergonhado
Inspirado	Frustrado
Fascinado	Indefeso
Alegre	Desesperado
Comovido	Impaciente
Otimista	Irritado
Orgulhoso	Solitário
Aliviado	Nervoso
Estimulado	Sobrecarregado
Surpreso	Desconcertado
Grato	Relutante
Tocado	Triste
	Desconfortável

(extraído do livro *Vivendo a comunicação não violenta*, ROSENBERG, 2019, p. 8)

É essencial criarmos nossos filhos em um ambiente de confiança, transparência e respeito. Não conheço ninguém que se sinta confortável em estar num lugar onde precisa vigiar-se e vigiar o ambiente o tempo todo, em um clima de insegurança, de que "alguém está me escondendo algo" ou um lugar onde sinta-se desrespeitado. Você gosta de um ambiente assim? Seus filhos também não!

É a partir do autoconhecimento que vem o conhecimento do outro. Para criar um ambiente adequado à boa orientação emocional, é preciso: honestidade emocional, transparência, respeito e acolher as emoções "com paixão".

Referências

LOTT, L.; KENTZ, M. M.; WEST, D. *Conhecer-se é amar a si próprio: exercícios para desenvolver a autoconsciência e para realizar mudanças positivas e encorajadoras*. Barueri: Manole, 2019.

ROSENBERG, M. B. *Criar filhos compassivamente: maternagem e paternagem na perspectiva da comunicação não violenta*. São Paulo: Palas Athena, 2019.

ROSENBERG, M. B. *Vivendo a comunicação não violenta: como estabelecer conexões sinceras e resolver conflitos de forma pacífica e eficaz*. Rio de Janeiro: Sextante, 2019.

SANDAHL, I. D.; ALEXANDER, J. J. *Crianças dinamarquesas: o que as pessoas mais felizes do mundo sabem sobre criar filhos confiantes e capazes*. São Paulo: Fontanar, 2017.

SIEGEL, D. J. *Mente saudável: conexão e equilíbrio do corpo e da mente*. São Paulo: nVersos, 2018.

SIEGEL, D. J.; BRYSON, T. P. *O cérebro da criança: 12 estratégias revolucionárias para nutrir a mente em desenvolvimento do seu filho e ajudar sua família a prosperar*. São Paulo: nVersos, 2015.

SIEGEL, D. J.; HARTZELL, M. *Parentalidade consciente: como o autoconhecimento nos ajuda a criar nossos filhos*. São Paulo: nVersos, 2020.

STAPPEN, A. V.; BLONDIAU, C. *Caderno de exercícios de comunicação não violenta com as crianças*. Petrópolis: Vozes, 2020.

4

ALFABETIZAÇÃO EMOCIONAL
VALIDANDO OS SENTIMENTOS DOS PAIS PARA O DESENVOLVIMENTO SOCIOEMOCIONAL DOS FILHOS

Este capítulo apresenta estratégias encorajadoras que ajudarão os pais a desenvolverem suas habilidades parentais para ensinar habilidades sociais e emocionais a crianças e adolescentes. E criar filhos confiantes, responsáveis e resilientes, para uma vida saudável e bem-sucedida.

ANA CASANOVA

Ana Casanova

Professora. Licenciada em Educação Artística e Artes Plásticas. Arte educadora com longa experiência na rede pública. Psicóloga desde 2016, inscrita sob o CRP 06/134763. Especialista em Arteterapia. Pós-graduada em Terapia Comportamental e Cognitiva pela USP (Universidade de São Paulo). Coautora da série de e-books *Encorajando pais*, livro digital com orientações para pais ajudarem os filhos na promoção do autoconhecimento e desenvolvimento da inteligência emocional. Atua como psicóloga, arteterapeuta, arte-educadora e facilitadora do Programa *Encorajando Pais*, que prepara os pais no desenvolvimento de suas habilidades parentais e para educar os filhos de modo respeitoso e encorajador, semeando competências para uma vida saudável e com sentido. Realiza atendimentos a crianças, adolescentes, adultos e orientação de pais em Sorocaba/SP e no Brasil, presencial e on-line, há mais de 20 anos.

Contatos
anacasanovapsicologa@gmail.com
Instagram: @psicoanacasanova
15 98130 2490

Os pais que sabem como encorajar, confiar e ensinar habilidades são mais capazes de ajudar seus filhos a desenvolverem um senso de autovalor.
JANE NELSEN

Temos sofrido uma grande mudança nos últimos tempos e essa alteração no nosso estilo de vida tem gerado enormes prejuízos ao ser humano, causando forte impacto, principalmente no ritmo das crianças e adolescentes. Diante desse cenário, acompanhado de um enorme mal-estar social, estatísticas mostram que as habilidades emocionais e sociais básicas das crianças a longo prazo vêm sofrendo um declínio. Hoje, temos crianças mais nervosas e irritadiças, impulsivas e desobedientes, mal-humoradas, deprimidas e solitárias – fato que podemos constatar, sobretudo, nos âmbitos familiar e escolar. Para Goleman, o pai da *Inteligência emocional,* "[...]o único remédio capaz de debelar esses sintomas de doença social seja uma nova forma de interagirmos no mundo – com a inteligência emocional".

Atualmente, muitos pais trabalham fora com menos tempo de convívio com os filhos, gerando, assim, um grande déficit na qualidade dos relacionamentos familiares e sociais – essenciais para o bom desenvolvimento da criança. Devido à contingência que nos cerca, crianças impedidas de brincarem na rua, de ir à casa de amigos ou de parentes passam longo tempo diante das telas de vídeo, TV ou computador – o que dificulta sua interação tão necessária com outras crianças. Ao longo da história, por meio de brincadeiras e do convívio com pais, familiares, amigos e outras crianças, elas aprenderam as habilidades emocionais e sociais básicas, indispensáveis ao desenvolvimento da resiliência, e compreenderam que nem sempre tudo é como desejam, ou seja, às vezes é necessário esperar, ceder ou recuar.

Em decorrência disso, a procura de pais, professores e responsáveis por maneiras mais eficazes de lidar com as emoções, os comportamentos desafiadores e como solucionar os momentos de birra, agressividade e frustração das crianças e adolescentes tem aumentado exponencialmente em busca de atendimento terapêutico no consultório.

Efeito protetor da preparação emocional

Aprender e orientar os filhos a reconhecerem e compreenderem as habilidades humanas essenciais, classificarem seus sentimentos e como eles influenciam suas ações, é essencial não apenas para lidar com as próprias emoções, mas também para estabelecer relações humanas verdadeiramente significativas com foco em soluções em que todos ganham.

A capacidade de gerenciar as próprias emoções com equilíbrio, confiança e autoconsciência é fator preponderante na promoção da saúde. A ciência afirma que ajudar as crianças a controlar suas emoções e impulsos perturbadores e aumentar sua empatia resulta não só em comportamentos mais assertivos, mas também em uma melhoria considerável no desempenho acadêmico e até em escolas mais seguras.

O segredo do sucesso reside na maneira como os pais, professores e responsáveis interagem com as crianças e os adolescentes, com empatia e compreensão diante das emoções exacerbadas. Criar laços emocionais mais fortes com os filhos favorece o desenvolvimento da inteligência emocional, permite imunizá-los contra a violência e incute uma dose de respeito próprio. Crianças capazes de sentir o amor e o apoio dos pais, que se sentem respeitadas e valorizadas pela família, estão mais protegidas contra as doenças sociais e têm uma vida mais saudável e bem-sucedida.

Como criar filhos corajosos, resilientes e independentes? Como lidar com as inseguranças e ansiedades de nossos filhos se não entrarmos em contato com nossos próprios medos e inseguranças? Crianças com melhor desempenho na fisiologia individual, envolvidas no processo de acalmar-se, estão menos sujeitas a doenças infecciosas, tem mais poder de concentração e melhora nos relacionamentos familiares e sociais.

Competências fundamentais para desenvolver a inteligência emocional

1. Autoconhecimento é conhecer-se, reconhecer e identificar as próprias emoções, nomear os próprios sentimentos, ser emocionalmente consciente e perceber as emoções do outro.
2. Autorregulação ou autocontrole é a capacidade de lidar com a emoção, adiar a satisfação, conter os impulsos e se acalmar, o que não significa reprimir as emoções que tanto enriquecem nossas vidas.
3. Empatia é se colocar no lugar do outro, compreender como o outro se sente e identificar qual é a emoção que está presente. Segundo Goleman: "A empatia é alimentada pelo autoconhecimento; quanto mais conscientes estivermos acerca de nossas próprias emoções, mais facilmente poderemos entender o sentimento alheio".
4. Automotivação é a capacidade de manter o controle com paciência, coragem, criatividade, foco, determinação. É perseverar com otimismo perante os desafios, ensinar os jovens a lidar com os obstáculos da vida e desenvolver a resiliência. Os desafios existem e nossos filhos vão cair, sentir medo e se magoar – experiências difíceis que lhes permitirão crescer e aprender sobre a vida. O médico Daniel Siegel sugere que: "Em vez de tentar proteger nossos filhos das inevitáveis dificuldades da vida, podemos ajudá-los a integrar essas experiências à sua compreensão do mundo e a aprender com elas".
5. Habilidade interpessoal é a capacidade de criar relacionamentos saudáveis e a arte de nos relacionarmos bem com os outros.

Como sentir, expressar e transformar as emoções se não foram ensinadas pelos pais e nem na escola? Na concepção de Jane Nelsen, psicóloga, educadora e idealizadora da Disciplina Positiva, emoções são informações que visam nos ajudar a tomar decisões sobre o que precisamos fazer para nos tornarmos saudáveis e seguros, e que emoção é a energia que governa o cérebro. Uma criança emocionalmente inteligente toma as melhores decisões, faz ótimas escolhas, age com consciência e, ao invés de reagir e ser refém da emoção, é capaz de assumir o controle e ser protagonista da própria história.

Viemos de uma educação tradicional em que as emoções foram negligenciadas ao longo de nossa história e, ainda hoje, nos deparamos com pais que ignoram e invalidam as emoções dos filhos ao dizer: "Engole o choro, não precisa ficar triste por isso" ou "É bobagem sentir medo". Assim, prejudicam o desenvolvimento da inteligência emocional dos filhos – competência que depende do tipo de experiência que a criança vivencia ao longo de sua infância.

Como encorajar os pais na educação emocional dos filhos?

A responsabilidade pela formação de outro ser humano é uma das tarefas mais desafiadoras, portanto, precisamos desenvolver nossas habilidades parentais e buscar conhecimento teórico, apoio e autoconhecimento. Importante é trabalharmos a alfabetização emocional primeiro nos pais, para que desenvolvam em si mesmos a inteligência emocional, aprendam a reconhecer suas próprias emoções e, conscientes delas, desenvolvam a competência de preparadores emocionais.

Muitos pais procuram atendimento psicológico em busca de informações para lidar com as emoções e os comportamentos desafiadores dos filhos. Precisamos investigar com os pais como eles lidam e reagem com suas emoções quando o filho expressa raiva indevidamente. É preciso verificar se eles acolhem essa emoção e redirecionam esse comportamento ou simplesmente invalidam e punem a criança por expressar o que está sentindo.

Nomear é validar as emoções, assim, ajudamos as crianças a integrarem o seu cérebro, conectando a parte emocional com a parte racional, o que permite com calma tomar decisões mais assertivas e isentas de emoções acaloradas. Jane Nelsen explica que crianças, ainda desprovidas do amadurecimento das funções executivas do cérebro, não têm a capacidade de autocontrole, planejamento e pensamento lógico, pois a parte do cérebro responsável pela regulação emocional e por se acalmar – o córtex pré-frontal – ainda não está totalmente madura até que a pessoa atinja 20 a 25 anos de idade – fato que explica quão difícil é para as crianças controlar os próprios sentimentos. Daí a necessidade de um adulto que exerça a função de ajudá-las a lidar com sua emoção, traduzir em palavras e redirecionar seu comportamento.

Ao nomear seus sentimentos, a criança se torna mais consciente e habilidosa e os comportamentos indesejados de birra e agressividade tendem a diminuir à medida que ela adquire recursos mais eficazes para se expressar. Podemos dizer: "Filho, eu entendo que você esteja triste porque queria tomar sorvete e eu disse que não podia".

Infância e adolescência são períodos de ricas oportunidades para estabelecer hábitos emocionais básicos que irão reger nossa vida. Não existe emoção positiva ou negativa – todas as emoções são legítimas, funcionais e importantes – e nem todo comportamento é aceitável. O mau comportamento é uma forma de a criança expressar uma necessidade, mas por falta de recursos e habilidades, é o meio que ela encontra para se expressar.

Características do preparador emocional

São pais conscientes da própria emoção e da de seus filhos, aproveitam os momentos emocionais como oportunidades de intimidade e orientação e, ao invés de dar sermões, se conectam com os filhos, ouvem com amor e empatia, nomeiam e validam suas emoções e impõem limites. Os pais ensinam a lidar com as emoções desagradáveis, manifestar emoções aceitáveis e resolver problemas por meio das experiências de vida, da fantasia e sob os cuidados de um preparador emocional. John Gottman, psicólogo e escritor, afirma que as crianças são mais felizes e bem-sucedidas quando os pais as ouvem, compreendem e as levam a sério.

Redirecione a situação com foco na solução: "Filho, eu entendo que você esteja com raiva porque queria assistir TV e eu disse não, e não é certo jogar o controle por causa disso". A Disciplina Positiva, abordagem parental, visa preparar os pais para uma educação encorajadora, respeitosa e consciente de seus filhos e a desenvolver habilidades sociais como cooperação e habilidades emocionais como autodisciplina.

Alfabetização emocional na prática

Família, alicerce da sociedade e ambiente natural e fundamental para o crescimento e desenvolvimento saudável de todos os seus membros, é onde iniciamos a aprendizagem emocional, reconhecendo nossos próprios sentimentos, como lidamos com eles e com as reações dos outros – fato que se dá não apenas com palavras, mas também pelo exemplo de nossos pais. O primeiro passo requer consciência da necessidade de nossa transformação interna antes de qualquer mudança externa, e buscar ajuda de um psicólogo ou educador parental pode promover o autoconhecimento e a reeducação dos pais.

Como observador, colocar-se no lugar do outro é essencial para compreender o que há por trás do comportamento observado, avaliar como ele foi afetado, como se sentiu diante de sua reação e reconhecer sua emoção. No processo de educação emocional, saber falar sobre suas emoções e as do outro, aceitar os avanços e retrocessos, servirá de exemplo aos filhos. Jane Nelsen propõe a técnica da "pausa positiva" antes de reagir de forma inaceitável – como ir ao banheiro, beber água ou respirar profunda e lentamente, pois agimos melhor quando nos sentimos melhor.

Seja coerente consigo e com os outros, aja de acordo com o que você fala, acalme-se, abaixe-se e converse passivamente com a criança. De nada adianta gritar com seu filho para que ele controle o seu comportamento, se você não faz o mesmo. Quantas vezes você já bateu no seu filho, para que ele aprendesse que não podia bater no priminho? Lembre-se: não basta ser pai ou mãe, participe ativamente da vida de seu filho dedicando amor e tempo de qualidade.

Ferramentas encorajadoras para expressão dos sentimentos

- Conversa compartilhada: "Me conte como foi o seu dia e o que te fez sentir raiva".
- Expressão artística: desenhar, pintar, modelar, tocar instrumento, cantar.
- Por meio de uma boa literatura infantil ou filme, entre em contato com o mundo emocional da criança e leia em voz alta para os seus filhos.

Pais e responsáveis que exercem a função de criar, apoiar e proteger crianças e adolescentes, que este seja um valioso guia em sua jornada parental.

Referências

GOLEMAN, D. Ph. D. *Inteligência emocional: a teoria revolucionária que redefine o que é ser inteligente*. 2. ed. Rio de Janeiro: Objetiva, 2012. (p. 19, 118)

GOTTMAN, J. ph .D.; DECLAIRE, J. *Inteligência emocional e a arte de educar nossos filhos: como aplicar os conceitos revolucionários da inteligência emocional para uma compreensão da relação entre pais e filhos*. Rio de Janeiro: Objetiva, 2001. (p. 31, 53)

NELSEN, J.; ERWIN, C.; DUFFY, R. A. *Disciplina positiva para crianças de 0 a 3 anos: como criar filhos confiantes e capazes*. Tradução: Bete P. Rodrigues, Fernanda Lee. Barueri: Manole, 2018. (p. 84, 85)

SIEGEL, D. J.; BRYSON, T. P. *O cérebro da criança: 12 estratégias revolucionárias para nutrir a mente em desenvolvimento do seu filho e ajudar a sua família a prosperar*. Tradução: Cássia Zanon. São Paulo: nVersos, 2015. (p. 18).

5

COMO A COMUNICAÇÃO NÃO VIOLENTA PODE AUXILIAR NA PARENTALIDADE

Neste capítulo, os pais encontrarão formas eficazes de exercer a parentalidade, estabelecendo conexões autênticas e empáticas com seus filhos por meio da comunicação não violenta.

ANA VILMA SILVEIRA

Ana Vilma Silveira

Psicóloga clínica (CRP: 01/11807) graduada pela Universidade Paulista (Unip), Campus Brasília-DF (2005). Especialista em Terapia Familiar e de Casais pela Pontifícia Universidade Católica de Goiás, em parceria com Interpsi (2010). Pós-graduada em Neuropsicologia Clínica pelo IBNeuro – Instituto Brasileiro de Neuropsicologia e Ciências Cognitivas (2018). Facilitadora do Programa *Encorajando Pais* (2020). Pós-graduanda em Neurociências, Educação e Desenvolvimento Infantil pela Pontifícia Universidade Católica do Rio Grande do Sul – PUC-RS (2021-2022). Realiza atendimento com crianças, adolescentes, adultos, casais e famílias. Atualmente, estuda Teoria do apego, Educação parental, Criação consciente, Parentalidade positiva e encorajadora, Disciplina positiva e Comunicação não violenta. Integra teorias e conhecimentos para orientar pais e responsáveis sobre como educar as crianças dentro de uma perspectiva que envolve autoeducação, melhoria das relações familiares e soluções de questões cotidianas com base em princípios que fazem parte de uma educação respeitosa.

Contatos
anavilmasilveira@gmail.com
61 99112 7906

A comunicação não violenta é um modo de ser, de pensar e de viver.
MARSHALL B. ROSENBERG

Colocar filhos no mundo, dar a eles uma boa educação, criá-los com amor, dedicação, cuidado, proteção, acompanhando o crescimento, transmitindo valores, proporcionando competências necessárias para a construção de uma vida feliz é, sem dúvida nenhuma, uma das missões mais desafiadoras para toda mãe e todo pai.

O período da infância é muito importante para o processo de educação das crianças, pois é nela que contribuímos para o desenvolvimento de suas habilidades sociais e de vida, promovendo as características que desejamos que elas desenvolvam para que se tornem adultos resilientes, confiantes e capazes de contribuir para a construção de um mundo melhor.

No entanto, desempenhar bem esse papel parental requer muita sabedoria, equilíbrio, autocuidado, informação e conhecimento para a construção desse caminho tão maravilhoso e, ao mesmo tempo, tão desafiador. Estudamos e nos preparamos para ter uma profissão ou para fazer qualquer outra coisa na vida, mas não nos preparamos para a missão mais desafiadora de todas, que é a de educar e criar filhos. É necessário se autoeducar para educar. É um processo de autoconhecimento.

Para isso, precisamos aprender a lidar com nossas cruezas humanas, pois somos humanos e – como humanos – somos falhos. É fundamental reconhecer as nossas vulnerabilidades, inseguranças, agressividades, imperfeições, para sabermos administrar a nossa forma de maternar e paternar, pois quando nasce uma criança, junto com ela nascem uma mãe e um pai que não nascem prontos. Assim como a criança, estamos nos desenvolvendo e nos aperfeiçoando. No entanto, somos os adultos da relação e, por isso, cabe a nós buscarmos as ferramentas mais eficazes e possíveis para conduzirmos essa jornada.

Então, como podemos agir diante das situações que a parentalidade nos apresenta? O que e como fazer para nos conectarmos com os nossos filhos por meio de uma educação não violenta, gentil e firme ao mesmo tempo?

A comunicação não violenta (CNV) nos oferece recursos privilegiados para desempenharmos nosso papel de pais e educadores. Marshall Rosenberg, psicólogo norte-americano que desenvolveu e sistematizou a CNV, investigou por que algumas pessoas eram violentas e outras eram compassivas. Descobriu que elas usavam linguagens diferentes de defesa e ataque e outras se expressavam de forma mais positiva e empática. Com isso, ele reformulou a maneira agressiva como nos comunicamos e criou ferramentas que pudessem proporcionar maior engajamento e paz nas relações.

Rosenberg (2019) explica que é importante entendermos que somos todos compassivos por natureza, potencialmente violentos e que a cultura de dominação estimula essa violência.

A propósito, a CNV é uma abordagem, uma forma de decidir nos conectar, entender o ponto de vista do outro e também expressar o nosso ponto de vista dentro da situação. Ela busca estimular e conscientizar sobre a vida e as relações com compaixão e empatia. É a linguagem do coração com potencial de revolucionar a nossa forma de nos relacionar com os outros e com nós mesmos.

Rosenberg (2006) criou um processo de quatro componentes que devem ser considerados no modo como falamos e como escutamos.

1. Observação: Observe o que está acontecendo de fato, sem julgamentos e sem juízo de valores. Exemplo: "Filho, seu quarto está desorganizado" (observação). "Você é desorganizado, deixa tudo espalhado!" (julgamento).
2. Sentimentos: Identificar e expressar com honestidade o que você sente em relação ao que observa: frustração, alegria, tristeza, raiva etc. Por exemplo: "Quando você não cumpre com as suas tarefas, sinto-me frustrada!". Isso ajuda a criar empatia e facilita o entendimento do outro sobre você. Importante lembrar que a responsabilidade pelo que sentimos é só nossa. Não devemos culpar nossos filhos pelo que sentimos.
3. Necessidades: Informe suas necessidades, valores e desejos que estão conectados aos sentimentos que nomeou anteriormente, lembrando que cada um é responsável por suas próprias emoções. Quando expressamos nossas necessidades, temos mais chance de vê-las satisfeitas. Por exemplo: "Quando você não cumpre com os combinados, eu me chateio. Gostaria de me sentir respeitada".
4. Pedido: Peça o que deseja, de forma clara e objetiva, para que suas necessidades sejam atendidas. Não espere que o outro adivinhe as suas necessidades e seus desejos. Em lugar de exigir: "Arrume a bagunça do seu quarto, agora!", peça: "Gostaria que arrumasse o seu quarto!".

Exemplo: "Filho, já é a terceira vez que falo com você (observação) e eu me sinto desrespeitada quando você não me ouve (sentimento), porque espero ser ouvida e entendida! (necessidade). Gostaria que você me desse atenção!" (pedido).

Desta forma, os pais conseguem manter um diálogo equilibrado com os filhos, sem travar uma luta diária. Não há necessidade de gritos e ameaças. Saber ouvir e saber falar é essencial para nos conectarmos e criarmos relações saudáveis.

Contudo, é importante para os pais lembrarem que as crianças estão em pleno desenvolvimento, portanto, os diálogos precisam ser respeitosos e efetivos, para que cresçam adultos emocionalmente equilibrados.

Nesse sentido, autenticidade e empatia são os dois grandes pilares da CNV. Quando as praticamos, somos conduzidos para a transformação em nossa forma de perceber e ler as interações humanas.

1. Expressar-se honestamente utilizando os quatro componentes da CNV.

2. Receber com empatia por meio dos quatro componentes da CNV.

Assim, a empatia se caracteriza como a capacidade de nos colocarmos no lugar do outro e compreendermos o seu ponto de vista. É sentirmos como se fôssemos o outro e então voltarmos para o nosso lugar e oferecermos a ajuda necessária, promovendo relações mais saudáveis.

Ressalte-se que uma comunicação empática com uma criança é condição fundamental para permitir que ela evolua e se desenvolva em ótimas condições. Todo ser humano deseja se sentir aceito e pertencente, compreendido e podendo expressar seus sentimentos, emoções e desejos profundos.

Logo, quando os pais ou um dos pais praticam a CNV, ele compreende melhor os seus próprios sentimentos e os dos outros. Além de perceber que a crítica e o julgamento são ineficazes para estabelecer uma conexão empática, aprende também a regular os conflitos e promover uma escuta ativa, afetuosa e profunda para acolher as demandas e necessidade dos filhos. Com isso, a interação ocorre com mais respeito, atenção e empatia.

De outro modo, a autenticidade, que é o outro princípio da CNV, revela a importância de falarmos com clareza e transparência sobre as nossas necessidades e sentimentos. É apropriado pensarmos que a comunicação não violenta é o processo semelhante ao de colocar a máscara no avião, ou seja, primeiro precisamos colocá-la em nós, para nos autorregularmos e, em seguida, ajudarmos os nossos filhos.

Então, precisamos compreender e vivenciar os dois eixos da CNV. Oferecermos empatia para o outro, acolhendo as suas observações, sentimentos, necessidades e pedidos e, de forma autêntica, apresentamos para o outro também as nossas observações, sentimentos, necessidades e pedidos.

Para Rosenberg (2019), é na forma como as pessoas se comunicam entre si que se encontra a solução para resolver desentendimentos, discussões e conflitos.

No entanto o autor aponta que existem algumas formas específicas de linguagem e comunicação que contribuem para o nosso comportamento violento em relação aos outros e a nós mesmos, que ele definiu como "comunicação alienante da vida".

Uma delas são os julgamentos moralizadores, que promovem a culpa, a depreciação, a desqualificação, os rótulos e as críticas. Outras formas desse tipo de comunicação são as comparações como forma de julgamentos, a negação de responsabilidade na qual atribuímos a outros a responsabilidade por nossas ações e, por último, quando comunicamos nossos desejos como exigências.

Além disso, quando se está na posição de ouvinte, existem alguns comportamentos que impedem as pessoas de estarem presentes o suficiente para se conectarem com empatia, o que Rosenberg (2006) chamou de obstáculos para empatia.

Para ele, a empatia é a compreensão respeitosa do que os outros estão vivenciando e, muitas vezes, em vez de oferecermos empatia, sentimos necessidade de dar conselhos ou encorajamento e de explicar nossa própria posição ou nossos sentimentos. No entanto, a empatia requer que esvaziemos nossa mente e escutemos os outros com a totalidade de nosso ser e sem as atitudes que bloqueiam a nossa conexão empática.

Quando queremos educar, consolar, resolver, aconselhar, corrigir, dizer se a criança estava certa ou errada, invalidamos os seus sentimentos, e ouvir com empatia é legitimar os sentimentos da criança. Quando os pais conseguem se conectar com os filhos empaticamente, eles entram em sintonia e a criança se sente compreendida e acolhida.

Muitos pais demonstram dificuldade em empatizar com os filhos, não conseguem reconhecer as próprias emoções nem lidar com as emoções das crianças, pois não tiveram uma educação emocional na infância. Logo, essa não é uma tarefa fácil, já que precisam desenvolver essa competência para adquirirem mais consciência de suas emoções e, por conseguinte, acolherem as emoções dos filhos.

Rosemberg (2006) defende uma educação sem punições, castigos ou recompensas. Se realmente quisermos ajudar uma criança a modificar o seu comportamento, precisamos compreender a sua motivação. Todo comportamento ocorre com um objetivo: somos convidados a olhar para além do comportamento da criança e nos perguntarmos a razão pela qual ela está agindo daquela maneira. Quando visualizamos só o comportamento da criança, sem darmos um mergulho mais profundo, para compreendermos as causas por trás de cada comportamento, temos a tendência de sermos críticos, avaliarmos com julgamento, e não damos à criança a oportunidade para que ela perceba e acolha as suas ações, fazendo o que é certo independentemente de ser punida ou recompensada por aquilo.

No entanto, a nossa sociedade ainda ensina que devemos ter vergonha dos nossos erros e devemos ser julgados por eles, o que, a longo prazo, pode gerar medo de errar, medo de se expor, ansiedade, sentimentos de inadequação, perfeccionismo, necessidade de aprovação e redução da autoestima.

Precisamos aceitar a imperfeição e, com isso, contribuirmos para que as crianças e os adolescentes vejam os erros como oportunidade de aprendizado e não motivos para gerar culpa, vergonha ou humilhação.

Rosenberg (2006) também dizia que a nossa sociedade acredita na efetividade de uma educação punitiva, em que as pessoas são rotuladas como boas ou más, e acredita que as "más" precisam ser castigadas. Estamos imersos em uma cultura que valoriza a violência. Desde criancinhas somos educados assistindo a desenhos e filmes em que o herói vai matar ou espancar o vilão para salvar a cidade. E assim, impregnados pela cultura da punição, na qual quem erra precisa sofrer para aprender. Com isso, usamos humilhações, sermões, retiradas de privilégios e castigos.

Outra questão ressaltada por Rosenberg (2006) é que as recompensas são tão coercitivas quanto os castigos, pois, nos dois casos, usamos o poder sobre o outro, controlando o ambiente de modo a tentar forçar as crianças a se comportarem da forma que desejamos.

Nesse sentido, precisamos ter a humildade para aprender que não podemos exercer a nossa autoridade de pais com autoritarismo, acreditando que podemos obrigar os nossos filhos a fazerem as coisas que queremos. Precisamos compreender que é imprescindível negociar com eles a necessidade de colaborarem e cooperarem para o bom funcionamento da dinâmica familiar.

> *Por trás de todo comportamento existe uma necessidade. Todo ato violento é uma expressão trágica de uma necessidade não atendida.*
> Marshall B. Rosenberg

A comunicação não violenta nos convida a uma nova prática de comunicação, estabelecendo conexões sinceras e resolvendo conflitos de forma pacífica e eficaz, trabalhando a nossa própria mudança, em vez de esperar que os outros mudem, para modificarmos esse contexto de violência em que vivemos.

A prática da comunicação não violenta nos permite melhorar os nossos relacionamentos, livre de julgamentos, imposições e com uma linguagem mais empática e compassiva, mostrando que é possível conquistar a colaboração de nossos filhos, sem fazer uso da ameaça ou da força. Com isso, ampliamos os laços familiares, fortalecendo a conexão e atendendo às necessidades de todos.

Referências

ROSENBERG, M. B. *A linguagem da paz em um mundo de conflitos: sua próxima fala mudará seu mundo*. São Paulo: Palas Athena, 2019. 206 p.

ROSENBERG, M. B. *Comunicação não violenta: técnicas para aprimorar relacionamentos pessoais e profissionais*. São Paulo: Ágora, 2006. 285 p.

ROSENBERG, M. B. *Vivendo a comunicação não violenta: como estabelecer conexões sinceras e resolver conflitos de forma pacífica e eficaz*. Rio de Janeiro: Sextante, 2019. 192 p.

6

ROTAS PARA O FUTURO
DESAFIOS E POSSIBILIDADES NA ESCOLHA PROFISSIONAL DO ADOLESCENTE

O presente capítulo trata dos desafios que os pais costumam enfrentar no momento da escolha profissional de seu filho adolescente e propõe reflexões e estratégias importantes para que o processo de decisão ocorra de forma tranquila e significativa para toda a família.

ANDRÉIA RAFAEL QUINTELIA

Psicóloga, graduada e com mestrado pela UNESP. Especialista em Psicoterapia Psicanalítica. Professora universitária. Orientadora profissional e facilitadora do programa *Encorajando Pais*.

Andréia Rafael Quintelia

Contatos
rotas.futuro@gmail.com
Instagram: @rotasparaofuturo / @andreiaquintelia

"Ele queria muito se decidir, sabia que era importante aquela escolha e, quanto mais pensava, mais confuso parecia ficar. Os pais esperavam muito dele, mas não diziam exatamente o quê. Eram tantas as possibilidades de cursos universitários, que se sentia paralisado diante delas. Queria ter um curso superior, mas estava inseguro, tinha muitos sonhos e sentia medo de decepcionar os pais. Afinal, qual área profissional poderia lhe trazer maior satisfação? Qual delas o levaria à realização financeira? Qual iria ajudá-lo a realizar seus sonhos?

Os pais estavam apreensivos, tantas vezes tinham conversado sobre a importância de se escolher bem a profissão, parecia tão claro que iria seguir os passos profissionais do pai, que aliás era muito bem-sucedido e, agora, o filho parecia tão perdido! Como ajudá-lo? Seria melhor não falar nada para não pressioná-lo e deixar a decisão surgir naturalmente? Mas, ele teria condições de resolver sozinho algo tão importante? E, se fosse estudar em alguma universidade distante, daria conta de cuidar de si e dos estudos?"

Eu não sei como está sendo o processo de escolha profissional de seu filho, quais impactos está trazendo para sua família, mas o texto acima ilustra bem o que tenho acompanhado entre pais e filhos, nesse momento de decisão.

A profissão costuma ser um assunto que nos ronda desde a infância. Afinal, quem nunca ouviu: "O que você vai ser quando crescer?" No mundo contemporâneo, passamos grande parte de nossas vidas em torno do nosso trabalho e, na maioria das vezes, é a partir dele que nossas necessidades e de nossas famílias vão sendo supridas, assim como a realização de nossos sonhos e projetos. É no contexto do trabalho que podemos expressar muitas de nossas potencialidades, que ampliamos nossas trocas interpessoais e oferecemos a nossa contribuição social ao mundo.

Dessa forma, torna-se bem comum as expectativas sobre as escolhas que o adolescente fará em relação à profissão, ao mercado de trabalho, à sua realização financeira, bem como, sobre a universidade que deseja entrar.

Teoricamente, sabemos que a adolescência é uma fase do desenvolvimento humano, que conecta a infância à vida adulta e que é marcada por mudanças importantes, que se revelam no corpo e na maneira do adolescente perceber, sentir e se relacionar com o mundo à sua volta. Na prática, esse famoso "tudo junto e misturado" acaba gerando muitos desconfortos para o jovem e sua família.

Bohoslavsky (2015) aponta que tornar-se adolescente representa deixar para trás a infância, e com ela os modos infantis de ser. Vão-se os cuidados que uma criança requer. Com a nova fase, novos comportamentos serão desenvolvidos, surgindo a necessidade da responsabilidade sobre si e sobre o outro. São desenvolvidos novos modos de pensar, de sentir, de agir. Surgem medos, e novos interesses. Surge, então, um novo sujeito que deverá construir o seu próprio caminho para a vida adulta.

Assim, podemos dizer que tornar-se adolescente traz conquistas e perdas e, consequentemente, o surgimento de uma espécie de luto por elas. Um desses lutos pode estar atrelado ao momento da escolha profissional. O adolescente que escolhe e que aceita crescer traz muitas mudanças ao grupo familiar, pois está dando um primeiro grande salto, no sentido da separação de sua família. Tal processo de mudança pressupõe, o que Bohoslavsky (2015) chama de "reestruturação", não somente de si mesmo, mas também, das relações familiares. E isso, muitas vezes, é motivo suficiente para gerar culpa, ansiedade e conflitos entre pais e filhos.

O processo de escolha profissional, portanto, não envolve apenas o jovem, mas todos aqueles vinculados a ele e costuma trazer um misto de pensamentos e emoções, passando pela angústia, indecisão, medo, curiosidade e desejo de mudança.

Desse modo, será necessário a adaptação ativa da família, o apoio da escola e dos amigos, a fim de que possa enfrentar as responsabilidades que vão surgindo e que o farão constituir-se enquanto pessoa única no mundo. Será necessário aprender a lidar com todas essas mudanças, para que não se sinta imobilizado. Tudo isso para anunciar um novo ciclo: a vida adulta.

Como você costuma fazer escolhas no seu dia a dia?

O "abraçar" uma profissão sempre vai pressupor abrir mão de outras, e isso tem um "sabor especial" para cada pessoa; representa, de fato, uma experiência única. Dessa forma, para alguns, essa vivência gera bastante ansiedade e, na tentativa de evitar desconfortos internos ou pelo medo de errar e desagradar os pais, o jovem, muitas vezes, aceita a sugestão ou até mesmo a imposição da família sobre o caminho profissional a seguir. Para outras pessoas, os aspectos econômicos, a distância física entre a universidade e a residência, o valor do curso, a nota do ENEM, dentre outros elementos mais práticos, tornam-se decisivos para a definição de suas escolhas.

Em meu trabalho, para que os pais compreendam um pouco mais sobre o que representa esse processo de escolha em plena adolescência e tenham maiores recursos para apoiar o filho considero importante que reflitam sobre a própria maneira que escolhem algo simples, até o modo como decidiram sua profissão e como foram oferecendo oportunidades ao filho para desenvolver sua habilidade em tomar decisões.

Entendo que para termos maior clareza a respeito de como fazemos escolhas, é importante nos perguntarmos: o que é necessário considerar no momento de escolher uma roupa? Ao adquirir um produto? Entrar em um curso novo? Mudar de cidade? De trabalho? Quais critérios costumo levar em consideração? Quais sentimentos e pensamentos costumam surgir? Outras pessoas costumam ser consultadas?

Muitas vezes, nessa autorreflexão, percebemos muitos de nossos próprios conflitos ao tomar decisões, o que, sem dúvida, tem uma influência na forma como educamos ou não para a autonomia, o quanto conseguimos respeitar o movimento e ritmo dos filhos diante de situações novas.

Compreendo que toda escolha traz uma renúncia, ou seja, ao optarmos por algo, abriremos mão de outro e, isso nem sempre é tão simples de vivenciar. Tomar decisões, lidar com mudanças se dá em um processo que vamos desenvolvendo ao longo da vida. À medida que somos encorajados a optarmos, que nos permitem exercer a nossa autonomia, entrar em contato com as consequências de nossas escolhas, vamos ganhando maior confiança em nós mesmos. Quando somos encorajados, nos permitimos errar e acreditamos que podemos refazer nossos passos quando isso ocorrer. Mas, se, ao contrário, vamos sendo impedidos de selecionar, de decidir, seja por autoritarismo ou superproteção, esse processo vai se tornando doloroso e pode desencadear uma dificuldade maior de se posicionar, mesmo diante de situações simples do dia a dia.

Como ajudar seu filho?

Nas famílias que acompanho, já no início do trabalho, pergunto o que mais desejam ao seu filho e a resposta que vem de encontro é quase sempre essa: "Que seja feliz!"

Eu não tenho dúvida da autenticidade desse desejo, mas observo o quão amplo, complexo e até audacioso ele se revela! Afinal, o que exatamente é ser feliz para cada um de nós? Será que diante desse desejo tão intenso e as expectativas vindas daí, considera-se o que o filho pensa, sente e espera para si? Há espaço para que o filho possa sonhar em outras direções?

Buscando minimizar os conflitos entre pais e filhos e tornar o trajeto da escolha profissional mais tranquilo e consciente, entendo que a Reunião de Família, proposta por Jane Nelsen, mostra-se um espaço importante para o exercício de ouvir e se expressar, de encontrar caminhos alternativos para lidar com os problemas vividos, dividir experiências, dentre outras possiblidades para a conexão e diálogo.

De acordo com Jane Nelsen (2019), esse modelo de reunião pode ser tão importante para as famílias quanto as reuniões de equipe são para as empresas bem administradas. E elas precisam seguir algumas orientações para se tornarem significativas:

Os filhos adolescentes podem resistir à ideia da reunião, logo é necessário deixar claro os motivos pelos quais está sendo proposta.

1. Na reunião, não há um "chefe", todos têm direito à vez e voz!
2. Combinar dia, horário e tempo de duração da reunião, que atenda às necessidades da família.
3. Começar a reunião com reconhecimentos ou agradecimentos.

Cabe mencionar que, nessa construção durante as Reuniões de Família, considero extremamente relevante que os pais observem com autenticidade e respeito alguns pontos, como:

1. A forma como se comunicam com o filho, evitando rótulos ou julgamentos ao jovem.
2. O próprio autocuidado. A melhor forma de conseguir apoiar o filho é buscando cuidar de si. Entendo que só podemos oferecer ao outro aquilo que temos em nós. Muitas vezes, o trabalho profissional pode contribuir muito!
3. O reconhecimento das expectativas sobre a profissão do filho e se, de alguma forma, não há uma projeção dos próprios sonhos, medos ou desejos nele. Por mais difícil que seja lidar com isso, o caminho do filho precisa ser construído a partir de seus próprios passos!
4. O modo como falam de suas profissões com o filho, buscando apresentar os desafios e possibilidades de sua área.
5. A disponibilidade para pesquisar sobre as profissões ou visitarem juntos profissionais da área de interesse do adolescente.

6. Abertura para uma conversa franca sobre as mudanças que virão e como a família poderá se organizar para lidar com elas.

E como a Orientação Profissional contribui?

Em meu trabalho com a Orientação Profissional, procuro apoiar os pais na construção de uma relação de respeito e colaboração, evitando movimentos invasivos ou de omissão, diante da escolha da profissão dos filhos.

Assim, penso que, inclusive, a busca pelos serviços do orientador profissional também precisa passar por uma conversa.

Nesse processo de Orientação Profissional, costumo envolver os pais em vários momentos, para que se torne um percurso mais leve, consciente e significativo para toda a família. Assim, por meio de atividades e técnicas, que muitas vezes são lúdicas, o jovem e sua família vão sendo convidados a refletir sobre todo o contexto que envolve o universo da escolha profissional e do trabalho.

Concordo com a autora Neiva (2007), quando diz que "saber quem sou e como sou é o que me permite escolher mais livremente o que fazer e como fazer." Por isso, durante a orientação há um grande investimento no autoconhecimento do adolescente, na identificação de seus valores, de suas habilidades, bem como no reconhecimento das influências que recebe da família e dos amigos.

Compreendo que a Orientação Profissional, ao facilitar o processo de autoconhecimento e dos elementos conscientes e inconscientes relacionados à escolha, traz um novo sentido para o exercício de tomar decisões, levando o jovem à construção de um projeto de vida. Projeto que tende a se alinhar de forma mais clara aos seus valores, à autorresponsabilidade sobre a vida que deseja construir, à contribuição que quer oferecer ao mundo social.

Para que a decisão ocorra da forma mais assertiva e tranquila possível, saber, por exemplo, qual o sentido do trabalho para os pais, quais as profissões que existem na família e como o jovem percebe esses aspectos é tão relevante quanto as informações sobre as profissões pretendidas por ele.

Na Orientação Profissional também são propostas pesquisas detalhadas sobre os cursos, as faculdades e as profissões de interesse do adolescente. Tais pesquisas pretendem deixá-lo mais confiante sobre os motivos de suas escolhas e trazer clareza sobre as particularidades, diferenças e semelhanças entre cada uma delas.

E nesse movimento de fechar e inaugurar ciclos, tenho acompanhado famílias que criam novas formas de se relacionarem, de se apoiarem e que têm dado novos significados aos desafios da escolha profissional do filho, transformando-os em grandes oportunidades de aprendizados, fortalecimentos de laços afetivos e perspectivas futuras!

Referências

BOHOSLAVSKY, R. *Orientação vocacional: a estratégia clínica*. 12. ed. Trad. José Maria Valeije Bojart. São Paulo: Martins Fontes, 2015.

NEIVA, K. M. C. *Processos de escolha e erientação profissional*. São Paulo: Vetor, 2007.

NELSEN, J. *Disciplina Positiva para adolescentes: uma abordagem gentil e firme na educação dos filhos*. 3. ed. Barueri: Manole, 2019.

7

CONSTRUINDO A PRÓPRIA PARENTALIDADE
ENCONTRANDO O CAMINHO PARA SER PAI E MÃE A PARTIR DA SUA SABEDORIA INTERIOR

Este texto traz um breve relato do caminho percorrido na construção da minha forma de ser mãe, mostrando como o contato com nossas crenças mais profundas sobre o significado desta tarefa é o melhor guia para exercermos nossa parentalidade com plenamente. Muitas respostas que procuramos fora se encontram, na verdade, dentro de nós e, por isso, é necessário resgatar essa sabedoria que vive no nosso interior.

CACILDA PEIXINHO

Cacilda Peixinho

Psicóloga (CRP:03/2139), psicoterapeuta com formação em Biossíntese e em Psicoterapia Infantojuvenil, na Abordagem Integrativa. Educadora parental em Disciplina Positiva, certificada pela Positive Discipline Association (PDA/USA). Facilitadora do programa *Encorajando Pais*. Coautora do baralho *Educar com o Coração* e de diversos *e-books*, voltados a educação de filhos. Estudiosa da Pedagogia Waldorf, idealizou e coordenou uma escola inspirada nessa pedagogia. Atende crianças, adolescentes e pais, de forma presencial e on-line. Realiza palestras, *workshops* e grupos, voltados a educação de filhos e desenvolvimento humano.

Contatos
cacipeixinho@yahoo.com.br
Instagram: @cacildapeixinho
75 99120 5517

> *Nada lhe posso dar que já não exista em você mesmo. Não posso abrir-lhe outro mundo de imagens além daquele que há em sua própria alma. Nada lhe posso dar a não ser a oportunidade, o impulso, a chave. Eu o ajudarei a tornar visível o seu próprio mundo, e isso é tudo.*
> HERMAN HESSE

Meu desejo de ser mãe é antigo, teve início ainda na minha infância. Fui uma criança que gostava muito de brincar de boneca, de mãe e filha. Gostava de dar mamadeira, colocar para dormir no colo, aconchegar no bercinho, dar banho, fazer e dar a comidinha, trocar a fralda... Sentia expressar o amor, o carinho e o respeito pelas "minhas filhas" por meio deste cuidar. Na adolescência, gostava de cuidar dos menores – irmãs, primas – da mesma forma. Cresci, me tornei tia antes de ser mãe. Nesse período, já adulta, reunia meus sentimentos, minhas vivências e os estudos de psicologia, agregando informações adicionais ao meu olhar para a maternidade, como: fases do desenvolvimento infantil, implicação dos pais na formação da criança, dentre outras.

Quando me tornei mãe, me deparei com uma maternidade cheia de regras, que se chocavam com aquele sentimento de cuidar, de ser mãe, que eu experimentava desde cedo na infância – não dar muito colo para não acostumar mal a criança, idade certa para o desmame, formas de desmamar, não dormir na cama dos pais, dormir desde pequeno no próprio quarto, conduzir o desfralde.... Havia um padrão que não olhava para a individualidade da mãe e do bebê, para suas necessidades específicas.

Ouvi pessoas sensatas com orientações insensatas. Busquei grupos de apoio, e os que encontrei priorizavam as necessidades do bebê, esquecendo as da mãe. Sendo mãe e bebê uma díade, se a mãe é negligenciada em suas necessidades, o quanto realmente isso é benéfico para o bebê? Era o meu questionamento constante.

Embora sentisse que nada disso estava em sintonia com o meu sentimento de ser mãe, muitas vezes cheguei a duvidar de mim. Eu me questionava se o que eu definia desde cedo como "cuidar" teria mais a ver com permissividade ou com compensações de faltas da minha história como filha. Segui procurando fora de mim algo que confirmasse a minha verdade interior.

Fui percebendo que ao agir de forma desconectada da minha crença mais profunda, um grande impedimento se colocava entre mim e meus filhos – a busca por um padrão de mãe e filho, socialmente esperado, que turvava a visão que tinha de mim e deles. Quantas coisas se colocavam entre nós e quantas outras, tão preciosas, ficavam de fora! Percebi que o foco dos ensinamentos de uma parentalidade tradicional estava no comportamento e não no ser da criança, na sua individualidade, o que significaria olhá-la por inteiro – seus sentimentos, emoções, opiniões, necessidades e desejos, e não apenas para o comportamento.

Eu sentia vontade de seguir meu coração, mas tinha medo. Medo de que eu estivesse errada e as teorias e as "opiniões alheias" estivessem certas, e assim estaria prejudicando a formação dos meus filhos. Até aqui, eu havia aprendido que a responsabilidade pelo sucesso ou fracasso dos filhos cabia aos pais, quase totalmente à mãe. Como esse olhar nos pesa e dificulta o exercício da nossa parentalidade!

Confiar em si e na própria verdade é um desafio quando o mundo inteiro parece pensar diferente. Eu não desisti da minha. Em alguns momentos, mais encorajada, eu a deixava se expressar; em outros, a dúvida me envolvia. Mas segui, tentando estar mais conectada a ela e desejosa de, um dia, encontrar uma ressonância no mundo externo daquilo que vivia dentro de mim. E encontrei! Foi como receber um colo esperado há tanto tempo! Me senti validada, acolhida, fortalecida. Ampliou o meu olhar para a minha tarefa como mãe, trazendo leveza, compaixão e a consciência de ter ajudas diversas, visíveis e "invisíveis", no desempenho desta tarefa.

Compartilho, a seguir, um pouco daquilo que me toca profundamente. O que eu sinto aquecer meu coração e alimenta a minha forma de ser mãe.

A natureza da criança e o papel dos pais

A ideia que temos sobre filhos e nossa tarefa como pais na sua formação será a base sobre a qual será construída nossa forma de ser pai ou mãe.

Imagine que uma criança, ao nascer, é como uma semente, que traz dentro de si o potencial para ser o que verdadeiramente é. E que seus pais são os jardineiros, cujo papel é oferecer as condições necessárias para que ela brote e expresse o que contém em si, o que lhe é inerente, à medida que vão conhecendo seu filho, por meio do seu olhar atento e sensível.

Nesta caminhada, precisaremos cuidar das expectativas. Um jardineiro respeita a natureza da semente que tem nas mãos – seja ela um cacto, uma árvore frutífera ou uma planta ornamental – e não tenta fazer dela o que ela não é. Assim, também os pais precisam descobrir e potencializar o ideal dos filhos, ao invés de induzi-los.

Shefali Tsabary (2017, p. 50) nos lembra da importância de conhecermos a natureza básica de nossos filhos e abrir mão das expectativas que criamos sobre nós mesmos, acerca do tipo de pai ou mãe que "devemos" ser. Ela destaca que, muitas vezes, a maior dificuldade experimentada na relação não é lidar com nossos filhos, mas fazer o ajuste das expectativas que alimentamos acerca de quem eles seriam.

Toda criança traz consigo potencialidades que precisam ser observadas com cuidado pelos pais. Eles precisam dedicar tempo e criar espaço, proporcionando ambientes físico e emocional saudáveis, para que suas potencialidades possam se desenvolver. Essas, por sua vez, serão fontes de força e de recursos, para os filhos lidarem com os desafios que irão enfrentar.

Experimente observar seu filho como a uma obra de arte: cada característica física, de personalidade, dos sentidos. Veja como são seus movimentos, como se relaciona socialmente, como brinca. Olhe-o em sua individualidade, para saber o que ele precisa.

Ao estarmos atentos às necessidades dos filhos e também às nossas, seremos capazes de agir guiados pelo amor, e não pelo medo, raiva ou culpa.

Aprofundando o olhar para a parentalidade

Em seu livro *A natureza anímica da criança*, Caroline Von Heydebrand (1991, p. 117) afirma que "ao entrar na existência terrestre, a alma busca [...] um casal de pais que deverá abrir-lhe o portal do mundo terreno; isso porque ela quer unir-se às qualidades de que esses pais são portadores [...] e porque quer confiar-se, na primeira época da vida, ao seu cuidado e à sua educação". Ela acrescenta que "[...] Rudolf Steiner acentuou que não são os pais que primeiro amam a criança, o amor dela os precedeu quando se inclinava para eles do mundo espiritual."

E prossegue dizendo que:

> *[...] uma maravilhosa intimidade poderá ocorrer na relação se os pais não considerarem apenas a corrente da hereditariedade física, mas também estiverem conscientes de que, já antes de nascer, uma alma humana os buscou e fez com que se encontrassem, pois queria entrar nessa corrente hereditária particular e começar sua vida terrena sob sua orientação. Tal conhecimento aumentará a consciência que os pais terão de sua responsabilidade e destruirá a falsa concepção de que a criança pertence aos pais e estes têm o direito de moldá-la conforme suas ideias e fazer dela o que querem. Os pais, ao contrário, ficarão atentos para descobrir de que maneira a individualidade que a eles se confiou quer ser educada no fundo do seu ser.*

Muitas transformações acontecem na relação pais-filhos se temos a consciência de que fomos escolhidos pelos nossos filhos, por termos exatamente o que eles precisam para se desenvolver! Nas palavras da dra. Ana Paula Cury, médica antroposófica: "Não são os filhos que se parecem com os pais. São os pais que se parecem com aquilo que os filhos vieram buscar." A criança nasce com uma confiança básica nos pais, eles são os seus eleitos. A eles, ela se entrega e confia. Confia que eles cumprirão com a sua tarefa de educá-la, da melhor forma possível, com os recursos que possuem e conscientes da busca de serem melhores a cada dia, por meio do seu processo de autoeducação, de autodesenvolvimento.

Desta perspectiva, somos convidados a preocupar-nos menos com o ideal de perfeição e mais com o exercício de olhar para nossos filhos – a fase em que se encontram, de que precisam, como podemos acolher e orientar. Geralmente, queremos ser os pais perfeitos, esquecidos de que o possível é o perfeito.

Também nos convida a lembrarmos que, como pais, não faremos a coisa certa o tempo todo, mas que estaremos nos desenvolvendo e crescendo juntos. A verdade que a criança procura em seus pais é reconhecer que eles se esforçam para acertar e procuram evitar os mesmos erros. Para os momentos de falha, existe a reparação. Pensar dessa forma traz leveza para a relação e compaixão para conosco. Vamos precisar nos perdoar muitas vezes nesta caminhada.

Construindo a sua parentalidade

Compreendo a parentalidade como um grande caminho de crescimento, tanto para os pais como para os filhos. Nele, nosso olhar não pode estar voltado para metas ou resultados a serem alcançados. O que há é um processo a ser vivido com a consciência de sermos o melhor que pudermos ser, com entrega e presença.

Nesta jornada, costumamos procurar respostas, confirmações, o certo e o errado, fora de nós, antes até de procurá-lo dentro. Fazemos isso por estarmos desconectados da nossa sabedoria interna. Para que possamos construir a nossa parentalidade em sintonia com o Ser que somos e com os Seres que nos buscam, é preciso resgatar esta sabedoria, é necessário que estejamos em contato com o nosso coração. Que nos deixemos inspirar e sentir o que realmente ressoa como verdadeiro dentro de nós.

Aproveito para lembrar algo muito importante: essa semente está nas suas mãos, caro(a) jardineiro(a), porque você tem as condições necessárias para ajudar no seu florescimento. A única coisa que você precisa fazer é permitir que ela floresça!

Por fim, trago nas palavras do poeta Khalil Gibran a profundidade e o sagrado que envolvem a tarefa de ser pais e mães, para que se sintam encorajados a encontrar, a partir de dentro, o seu caminho, as suas próprias respostas.

"Vossos filhos não são vossos filhos.
São filhos e filhas do chamamento da própria vida.

Vem por meio de vós, mas não de vós.
E, apesar de estarem convosco, não vos pertencem.
Podeis dar-lhes o vosso amor, mas não os vossos pensamentos,
Porque eles têm pensamentos próprios.

Podeis acolher seus corpos, mas não as suas almas,
Pois elas habitam a mansão do amanhã,
Que vós não podeis visitar nem mesmo em sonho.

Podeis esforçar-vos por ser como eles, mas não procureis fazê-los como vós,
Porque a vida não anda para trás e não se detém no ontem.

Vós sois os arcos dos quais vossos filhos são arremessados como flechas vivas.
O arqueiro mira o alvo na senda do infinito e vos estica com toda a sua força
Para que as flechas possam voar rápidas e para longe.

Que vosso encurvamento na mão do arqueiro seja vossa alegria:
Pois assim como Ele ama a flecha que voa,
Ama também o arco que permanece estável."

Referências

HEYDEBRAND, C. *A natureza anímica da criança*. São Paulo: Antroposófica, 1991.

NELSEN, J. *Disciplina Positiva*. Barueri: Manole, 2015.

ÖVÉN, M. *Educar com Mindfulness*. Porto: Porto Editora, 2015.

STIRBULOV, S.; LAVIANO, R. *A arte de educar em família*. São Paulo: All Print, 2015.

TELBAN, S. *Pais e mães conscientes*. Rio de Janeiro: Bicicleta Amarela, 2017.

8

TRANSTORNOS DE ANSIEDADE NA INFÂNCIA E ADOLESCÊNCIA

Os transtornos ansiosos são os quadros psiquiátricos mais comuns em saúde mental na infância e adolescência. Sua causa é, muitas vezes, desconhecida e provavelmente multifatorial, incluindo fatores hereditários e ambientais diversos, podendo causar um efeito significativo no funcionamento diário, criar impacto na trajetória do desenvolvimento de amizades e nas relações familiares.

CAROLINA HUGUETT BATISTA

Carolina Huguett Batista

Psicóloga inscrita sob o CRP16/2101, graduada em 2007 pela Universidade de Vila Velha (UVV). Especializada em Neuropsicologia e Reabilitação Cognitiva pela Universidade de Vila Velha (UVV); Saúde Pública com ênfase em Saúde Mental pelo Centro de Ensino Superior Fabra; e Terapias Cognitivo-Comportamentais na Infância e Adolescência, pela Faculdade Mario Quintana (FAMAQUI). Há mais de 10 anos realiza atendimento clínico em seu consultório, por meio de psicoterapia na abordagem cognitivo-comportamental, avaliação psicológica e neuropsicológica e orientação profissional de adolescentes e jovens. Facilitadora do programa *Encorajando Pais*, do *Programa de Qualidade na Interação Familiar* (PQIF) e do *Protocolo de Terapia de Reciclagem Infantil* (T.R.I.), atua também com grupos de orientação parental, em oficinas com crianças e adolescentes, *workshops*, palestras e cursos. Coautora do livro *Cultivando equilíbrio na família – Vol 2*.

Contatos:
www.huguett.com.br
contato@huguett.com.br
Instagram: @clinicahuguett
27 99964 3059

Mais frequentes em meninas, os transtornos de ansiedade são os quadros mais comuns em saúde mental na infância e adolescência, ocorrendo entre 5% a 19% das crianças e adolescentes (COSTELLO ET AL, 2005; WOODWARD; FERGUSSON, 2001). No Brasil, um estudo populacional encontrou índices de prevalência de 4,6% em crianças e 5,8% entre os adolescentes (FLEITLICH-BILYK; GOODMAN, 2004).

Durante a infância, vemos mais os quadros de fobias específicas e o transtorno de ansiedade de separação, sendo que esses vão diminuindo na adolescência, período que a frequência do transtorno de ansiedade social aumenta. Se não tratados corretamente, tais transtornos persistem e aumentam o risco de agravamento do quadro, podendo gerar também depressão, abuso de substâncias, baixo desempenho acadêmico, diminuição de autoestima e o desinteresse pela vida nos anos posteriores, acarretando em prejuízos significativos para a saúde mental do paciente (APA, 2014).

De modo geral, todas as pessoas sentem ansiedade, e isso nos ajuda a lidar com as inúmeras situações que temos de enfrentar na vida. Se não fosse pela presença da ansiedade, não anteciparíamos os perigos e provavelmente também não pensaríamos em situações futuras, tentando antecipar a melhor maneira de reagir. Certamente, a ansiedade é extremamente funcional e adaptativa para que possamos nos sair bem nas situações cotidianas. Em uma intensidade razoável, a ansiedade tem o papel de prevenção e proteção frente a inúmeras situações em nossas vidas – em situações de perigo real, de emergência e que podem incluir risco de morte, por exemplo (COSTELLO ET AL, 2005; SUVEG; ZEMAN, 2004).

Nas crianças, as preocupações são comuns e parecem fazer parte do desenvolvimento infantil normal. No entanto, quando se torna excessiva, extrema e irracional, ela pode rapidamente se transformar em disfuncional, causando sofrimento emocional e prejudicando o modo de lidar com os acontecimentos cotidianos. Vejamos um exemplo:

Sara, uma menina de 9 anos, estudante do terceiro ano do Ensino Fundamental, teve uma queda de rendimento escolar há cerca de seis meses e, nas últimas duas semanas, passou a se recusar a ir para a escola, chora bastante e tem dificuldade para se acalmar. Quando vai à escola, fica imaginando que algo ruim está acontecendo com sua mãe, como um acidente, assalto, bala perdida, morte súbita, e que nunca mais poderá vê-la. A preocupação é tão grande que não consegue prestar atenção nas aulas, fica aflita e cada vez mais agitada para ir embora logo.

A ansiedade está relacionada a um sentimento de medo que provoca várias reações de ordem fisiológicas, comportamentais e psicológicas, todas presentes ao mesmo tempo. No nível fisiológico, a ansiedade inclui reações corporais como palpitações, tensão muscular, sudorese, boca seca ou enjoo. Do ponto de vista comportamental, a ansiedade nos leva a evitar situações cotidianas que são vistas como "riscos/ameaças". Psicologicamente, considera-se a ansiedade um estado subjetivo de apreensão e desconforto. Sua apresentação varia em formas e níveis de intensidade, desde a sensação de uma simples pontada de desconforto até um completo ataque de pânico marcado por palpitações, desorientação, medo de morrer e/ou de ficar louco (STALLARD, 2010).

Diferentemente dos adultos, crianças podem não reconhecer seus medos como exagerados ou irracionais, especialmente as menores. Quando esse sinal de alerta se encontra desregulado na criança e começa a disparar em situações que não manifestam nenhum perigo real para ela, a ansiedade se torna patológica (ASBAHR, 2004). Vejamos outro exemplo:

Marina tinha 10 anos e cursava o quinto ano do Ensino Fundamental, recusava-se a ler qualquer texto em voz alta para o resto de sua classe e ficava envergonhada quando sua professora lhe perguntava algo. Conversava muito pouco com as crianças, lanchava sozinha no recreio e participava pouco das aulas de educação física. Fora da escola, sua convivência estava restrita a seus pais, irmãos, duas primas e uma única amiga. Quando os pais recebem visitas em sua casa, inclusive seus avós, ela permanece inibida e mais "reservada em seu canto". Quando era convidada a ir a uma festa de aniversário, falava com seus pais que não gostava e não queria ir.

Os principais transtornos de ansiedade na infância são:

Transtorno de Ansiedade de Separação: Crianças e adolescentes que apresentam este quadro têm um medo irreal de que algo prejudicial aconteça com eles ou com seus pais, quando se afastam, de modo que não seja possível o reencontro. As preocupações mais frequentes com relação aos pais são ferimentos graves ou morte. Essas preocupações podem ocorrer tanto em estado de vigília como durante o sono (SUVEG; COLS., 2005). Como consequência, apegam-se excessivamente a seus cuidadores, não permitindo seu afastamento. Em casa, tendem a perseguir os pais e apresentam dificuldade para dormirem sozinhos. A recusa a frequentar a escola é muito comum nesses jovens.

Fobias específicas: Caracterizam-se pela presença de medo excessivo e persistente relacionado a um determinado objeto ou situação, que não seja situação de exposição pública ou medo de ter um ataque de pânico. Frente ao estímulo fóbico, a criança procura correr para perto de um dos pais ou de alguém que a faça se sentir protegida. Pode apresentar reações de choro, desespero, imobilidade, agitação psicomotora ou até um ataque de pânico. Quanto à natureza das fobias mais comuns na infância, destacam-se as de pequenos animais, injeções, escuridão, altura e ruídos intensos (BERNSTEIN; BORCHARDT; PERWIEN, 1996). As fobias se diferenciam dos medos normais da infância à medida que persistem por um período prolongado, são mal-adaptativas e não são específicas da idade ou estágio.

Transtorno de Ansiedade Social (Fobia Social): Caracteriza-se por medo persistente e intenso de situações onde a pessoa julga estar exposta à avaliação de outros ou se comportar de maneira humilhante ou vergonhosa. Em jovens, a ansiedade pode ser expressa por choro, "acessos de raiva" ou afastamento de situações sociais nas quais haja pessoas não familiares. A escola é o ambiente onde 60% dos eventos estressores listados pelas crianças ocorrem. A lista das situações mais temidas inclui: conversar com outras crianças, fazer provas, apresentações artísticas e leitura em voz alta (BEIDEL; TURNER; MORRIS, 1999).

Transtorno do Pânico: Caracterizado pela presença de ataques de pânico (presença de medo intenso de morrer, associado a inúmeros sintomas autonômicos, como taquicardia, sudorese, tontura, falta de ar, dor no peito, dor abdominal, tremores), seguidos de preocupação persistente de vir a ter novos ataques (APA, 2014). Pouco observado em crianças pequenas, sua frequência aumenta bastante no final da adolescência.

Transtorno de Ansiedade Generalizada (TAG): Caracteriza-se pela presença de preocupações excessivas e incontroláveis sobre diferentes aspectos da vida. Crianças e adolescentes com TAG podem ter preocupações consigo ou com os outros sobre diferentes domínios, como: perfeccionismo; pontualidade; saúde e segurança; eventos catastróficos mundiais (como guerras ou desastres naturais); situação financeira familiar e futuro (BERNSTEIN; BORCHARDT; PERWIEN, 1996).

Dentre as causas da ansiedade podemos citar fatores biológicos (genética e traços de temperamento) e fatores ambientais, como estilos parentais e fatores de risco estressantes que não proporcionam o sentimento de segurança necessário ao desenvolvimento saudável. Assim, a manifestação de um Transtorno de Ansiedade pode depender de uma interação entre genes e ambiente, e são considerados problemas de saúde mental complexos, com múltiplas causas (WEEMS; STICKLE, 2005).

Neste momento, os pais podem estar se perguntando: o que nós, pais, devemos fazer? Como esse problema apareceu? É nossa culpa?

Os pais não são culpados pela ansiedade dos filhos. O que devem fazer é buscar ajuda profissional, pois existem tratamentos eficazes que podem reduzir significativamente a ansiedade e devem ser adequados de acordo com o tipo de transtorno, a gravidade de seus sintomas e as possíveis comorbidades (depressão, uso de substâncias, transtorno do déficit de atenção e hiperatividade [TDAH], e outros transtornos de ansiedade).

Caso nada seja feito, como qualquer problema de saúde, os transtornos de ansiedade tendem a piorar e podem acarretar várias complicações, tais como: recusa escolar; isolamento social; depressão; abuso de substâncias; e até mesmo outras doenças não psiquiátricas, como doenças gastrointestinais. É importante ter a compreensão de que, em alguns casos mais graves, o médico psiquiatra poderá recomendar alguns medicamentos. Contudo, na maioria das situações, a psicoterapia por si só pode solucionar o problema, por isso fique tranquilo.

Crianças ansiosas experimentam emoções mais intensamente e veem a si mesmas como menos capazes de controlar situações emocionalmente perturbadoras, e carecem de habilidades para regular e modificar suas emoções (SUVEG; ZEMAN, 2004).

Muitas vezes, os pais têm o costume de criticar e invalidar o que os filhos sentem, e isso só contribui para que eles fiquem com uma sensação de inadequação, causando ainda mais ansiedade.

Nesses casos, a Disciplina Positiva nos orienta que é mais útil reconhecer e nomear a emoção, sem qualquer julgamento, e se oferecer para ajudar a criança a lidar com ela. Não importa o quão irreal ou desproporcional pareça a ansiedade com que seu filho está, você deve ouvi-lo e reconhecer que, para ele, o medo é real. As crianças ansiosas geralmente se sentem envergonhadas por seus medos e é preciso muita coragem para compartilhar seus pensamentos.

Para algumas crianças, a ansiedade pode dificultar muito as tarefas mais simples. É importante que os pais elogiem o esforço que a criança está empenhando em trabalhar com pensamentos ou atividades ansiosos. Jamais devem remover qualquer coisa que possa desencadear ansiedade, visando evitar qualquer desconforto na criança – pelo contrário, as crianças devem ser encorajadas a enfrentar essas situações estressantes para superá-las.

É muito importante também que os pais busquem ser um modelo de tranquilidade para seus filhos, que eles encontrem recursos e técnicas para lidar com sua própria ansiedade e, dessa forma, possam ensinar a criança como fazem para gerenciar suas emoções.

As crianças ansiosas precisam de apoio e orientação consistentes dos adultos em suas vidas para combater a ansiedade. É por isso que é tão importante lidar com a ansiedade desde o início e buscar orientação e o apoio de um profissional para ter sucesso a longo prazo. Assim, ter um acompanhamento terapêutico e suporte dentro de casa – além de incentivo à hobbies que tragam tranquilidade, como a prática de leitura, de cursos extracurriculares e de esportes – farão com que a saúde mental das crianças e adolescentes se mantenha em dia e eles sejam verdadeiramente felizes. E é isso o que os pais mais desejam, não é mesmo?

Referências

AMERICAN PSYCHIATRIC ASSOCIATION. *Manual diagnóstico e estatístico de transtornos mentais*. 5. ed. Porto Alegre: Artes Médicas, 2014.

ASBAHR, F. Transtornos ansiosos na infância e adolescência: aspectos clínicos e neurobiológicos. *Jornal de Pediatria*, 80 (2, Supl.), 2004, p. 28-34.

BEIDEL, D.; TURNER, S.; MORRIS, T. Psychopathology of childhood social phobia. *Journal of American Academy of Child and Adolescent Psychiatry*, 38 (6), 1999.

BERSTEIN, G.; BORCHARDT, C.; PERWIEN, A.; Anxiety disorders in children and adolescents: a review of the past 10 years. *J Am Acad Child Adolesc Psychiatry*. 35, 1996.

COSTELO, E. J. et al. The developmental epidemiology of anxiety disorders: phenomenology, prevalence, and comorbidity. *Child and dolescent Psychiatric Clinics of North America*. 144 (4), 2005.

FLEITLICH-BIL, B. GOODMAN, R. Prevalence of child and adolescent psychiatric disorders in southeast Brazil. *Journal of American Academy of Child and Adolescent Psychiatry*, 43 (6), 2004.

STALLARD, P. *Ansiedade: terapia cognitivo-comportamental para crianças e jovens*. Porto Alegre: Artmed, 2010.

SUVEG, C.; ASCHENBRAND, S.; KENDALL, P. Separation anxiety disorder, panic disorder and school refusal. *Child & Adolescent Psychiatric Clinics of North America*, 14, 2005.

SUVEG, C.; ZEMAN, J. Emotion regulation in children with anxiety disorders. *Journal of Clinical Child and Adolescent Psychology*, 33(4), 2004.

WEEMS, C.; STICKLE, T. Anxiety disorders in childhood: Casting a nomological net. *Clin Child Fam Psychol Ver*, 8(2), 2005.

WOODWARD, L.; FERGUSSON, D. Life course outcomes of Young people with anxietty disorders in adolescence. *J Am Acad Child Adolesc Psychiatry*, 40 (9), 2001.

9

A IMPORTÂNCIA DA EDUCAÇÃO SEXUAL PARA CRIANÇAS E ADOLESCENTES

Neste capítulo, os pais e responsáveis encontrarão informações sobre a importância da educação sexual, tema esse que é recheado de tabus e que, por muitos motivos, ainda não é tratado com a devida atenção. Falaremos sobre como a educação sexual pode tornar nossas crianças e adolescentes mais confiantes e conscientes sobre o que os cercam e, dessa forma, contribuir para que suas escolhas sejam também conscientes.

CRISTIANE NOGUEIRA NUNES

Cristiane Nogueira Nunes

Psicóloga Clínica (CRP 05/61569) formada em Psicoterapia Infantojuvenil. Educadora parental, facilitadora credenciada do programa *Encorajando Pais* e facilitadora de círculos de mediação em grupos nas áreas da saúde e educação. Realiza atendimentos individuais a adolescentes. Trabalha com análise da escolha profissional, orientação a pais/responsáveis e com prevenção da violência sexual para adolescentes (consentimento, relacionamentos e autoestima).

Contatos
contato@conexaoadolescente.com.br
Instagram: @conexaoadolescente
21 96884 2426

Falar sobre educação sexual é um problema para muitos pais e responsáveis. Vivemos em uma sociedade onde muitas coisas ainda são tratadas como tabu e isso dificulta muito a relação que podemos ter com nossa sexualidade e a forma como podemos ajudar nossos filhos a vê-la de maneira diferente.

Não sei na sua época, mas eu faço parte de uma geração na qual os pais não conversavam sobre sexualidade com os filhos, o que fazia com que crianças e adolescentes procurassem por si só as respostas para as suas perguntas. Em relação aos adolescentes, muitas das vezes isso era feito em conversas com amigos ou até mesmo lendo e vendo revistas pornográficas de irmãos mais velhos ou dos próprios pais, já que naquela época não tinha internet.

Imagina hoje! Como seus filhos têm acesso às informações? Se a forma de acesso ao meio digital for livre e sem qualquer tipo de controle, eles podem ter respostas para todas as suas perguntas, mas será que essa é a forma mais aconselhável? Com as informações colhidas dessas fontes seu filho terá uma relação saudável com a sexualidade? Infelizmente, não podemos saber se os sites e conteúdos acessados por eles são de qualidade e se isso influenciará de forma negativa, mas o que não podemos negar é que eles farão isso, farão as pesquisas assim que tiverem a curiosidade. A internet vai se tornando cada dia mais a maior fonte de educação sexual.

Não podemos deixar que as mídias sociais façam esse papel. Precisamos nos antecipar e começar a levar uma educação sexual para nossas crianças e adolescentes de forma a se sentirem seguros e confiantes, sabendo que podem contar com os pais para as respostas às suas perguntas. Essa cumplicidade e abertura podem ser muito importantes e benéficas na relação entre pais e filhos. O vínculo e a confiança aumentam e as questões relacionadas à sexualidade podem ser colocadas à mesa sem tabus e preconceitos.

Nossos filhos sofrem com a falta de informação. Muitas vezes, os pais se negam a conversar sobre educação sexual por vergonha, insegurança ou até mesmo por questões pessoais que não foram resolvidas.

Antes de continuar a leitura, pare um pouco e responda para si mesmo a seguinte pergunta: O que você imagina quando escuta a palavra sexualidade?

Vamos seguir com a definição da OMS – Organização Mundial da Saúde:

> *Sexualidade é um aspecto central do ser humano ao longo da vida; ela engloba sexo, identidades e papéis de gênero, orientação sexual, erotismo, prazer, intimidade e reprodução. A sexualidade é vivida e expressada por meio de pensamentos, fantasias, desejos, crenças, atitudes, valores,*

comportamentos, práticas, papéis e relacionamentos. Embora a sexualidade possa incluir todas essas dimensões, nem sempre todas elas são vividas ou expressas. A sexualidade é influenciada pela interação de fatores biológicos, psicológicos, sociais, econômicos, políticos, culturais, jurídicos, históricos, religiosos e espirituais."

Podemos ver que sexualidade é um conceito amplo e não é sinônimo de relação sexual como muitos educadores pensam. É muito importante frisar que falar sobre educação sexual não é ensinar a criança ou o adolescente a fazer sexo.

Se você quer que seu filho seja um adulto capaz de tomar decisões responsáveis em relação à sexualidade, considere iniciar com a educação sexual, mas, se você como mãe, pai ou responsável não sabe de que forma abordar o assunto, pode fazer uso de livros, filmes, desenhos e outros recursos para ajudar a introduzir essas questões na família.

A educação sexual tornará nossas crianças e adolescentes mais conscientes sobre o que os cercam e assim poderão fazer escolhas também conscientes, além de se sentirem confiantes.

Também precisamos entender e não desistir se por acaso nesse percurso você encontrar dificuldade no seu filho para falar sobre essas questões, pois eles próprios podem possuir barreiras com base na estrutura da sociedade.

O que é educação sexual?

"Educar sexualmente significa orientar a criança para que passe pelas fases de evolução de sua sexualidade de forma que a vida afetiva se estruture de modo sadio." [...] "Educar sexualmente significa libertar o jovem da angústia, da dúvida, com base na compreensão de que o desejo de prazer é normal e saudável, que não deve ser reprimido, mas orientado de forma positiva, para o amor criativo e responsável" (SOUZA, 2002, p. 15-16). Munir as crianças e adolescentes com informações sobre o seu corpo e sentimentos é uma forma de cuidado e proteção.

A educação sexual faz parte de nossas vidas desde que nascemos. De forma indireta, vamos assimilando a maneira como nos tratam, a roupa que vestimos e os presentes que recebemos. Essas informações são chamadas de informações não verbais. Já as informações verbais são aquelas nas quais as palavras aparecem, e as perguntas são feitas pelas crianças e adolescentes de forma direta. Tanto a forma indireta de assimilar as questões da sexualidade quanto a forma direta, na qual perguntas são verbalizadas, podem ser chamadas de educação sexual informal.

> *"A educação sexual formal é sistemática, segue um planejamento com conteúdos programados, tem estratégias próprias e cunho científico. É realizada por meio de aulas, palestras, discussões, estudos de caso, dramatizações, vídeos e outros recursos didáticos, e faz parte dos temas transversais previstos pelo PCNs (Parâmetros Curriculares Nacionais), recebendo a denominação de Orientação Sexual"*
> (SOUZA, 2002, p. 20).

Por que fazer a educação sexual?

Antes de qualquer coisa, volto a frisar que fazer a educação sexual não é ensinar a criança ou o adolescente a fazer sexo. Precisamos ficar atentos em relação às informações que recebemos de fontes que não apoiam a educação sexual, pois entendemos que quem não apoia a educação sexual é conveniente com a violência sexual.

Em primeiro lugar, precisamos fazer a educação sexual porque é um direito da criança e do adolescente. As crianças e adolescentes estão inseridas em vários contextos de violência, seja ela física, psicológica, de negligência e sexual.

Em nossa Constituição Federal, temos no artigo 227 o seguinte trecho:

> *É dever da família, da sociedade e do Estado assegurar à criança, ao adolescente e ao jovem, com absoluta prioridade, o direito à vida, à saúde, à alimentação, à educação, ao lazer, à profissionalização, à cultura, à dignidade, ao respeito, à liberdade e à convivência familiar e comunitária, além de colocá-los a salvo de toda forma de negligência, discriminação, exploração, violência, crueldade e opressão.*

Temos também a declaração dos direitos sexuais, definida no ano de 1997 durante o XIII Congresso Mundial de Sexologia, e aprovada pela World Association for Sexology em 1999, durante o XV Congresso Mundial de Sexologia. Na declaração consta que os direitos sexuais são direitos humanos universais e que a sexualidade é uma parte integral da personalidade de todo ser humano. A declaração possui 11 artigos e aqui iremos destacar aquele que merece atenção por conta do assunto que estamos tratando.

> *Artigo 10º. O DIREITO À EDUCAÇÃO SEXUAL INTEGRAL – Este é um processo vitalício que se inicia com o nascimento e perdura por toda a vida e deveria envolver todas as instituições sociais.*
> (FURLANI, 2011, p. 24-25).

A família e a escola são instituições sociais e a educação sexual precisa ser feita em ambas. Mas nossa realidade ainda pesa – o Brasil tem os piores índices de educação sexual da América Latina.

Outro motivo pelo qual devemos fazer a educação sexual é que ela previne as doenças sexualmente transmissíveis e a gravidez precoce, que são umas das maiores preocupações das famílias em relação ao início da relação sexual.

Vários estudos já mostram que uma educação sexual adequada pode retardar o início da relação sexual, o que para muitos pais seria o contrário. A educação sexual também previne a violência sexual, pois promove um maior entendimento das crianças e adolescentes em relação ao que é aceitável para suas vidas, que elas devem ser respeitadas e que possuem dignidade.

O Boletim Epidemiológico 27, divulgado pelo Ministério da Saúde em 2018, mostra que entre 2011 e 2017 foram notificados 184.524 casos de violência sexual no Brasil; destes, 76,5% são casos de violência sexual contra crianças e adolescentes.

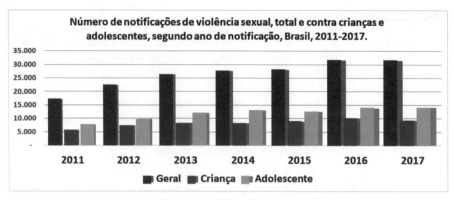

Fonte: Sinan/MS. As bases de 2015 e 2016 podem sofrer alterações. A base de 2017 foi extraída em janeiro de 2018.

E se a educação sexual for inadequada?

Muitas vezes, o falar sobre educação sexual é confundido com o dar permissão para que o ato sexual aconteça, e não é bem assim. O adolescente que pergunta nem sempre está querendo praticar o ato sexual; na maioria das vezes, é apenas curiosidade mesmo. Ele precisa dessas informações para poder compreender de forma segura sobre esse assunto tão importante.

Não tratar desse assunto em casa pode levar crianças e adolescentes a irem atrás de outros recursos, que podem acabar dificultando ainda mais o entendimento. Informações irresponsáveis, maldosas, deturpadas e que causam medo estão por aí na internet e isso pode causar muitos problemas futuros.

Não podemos deixar de falar que vivemos em uma sociedade erotizada. Muitas vezes nossas crianças e adolescentes se veem à frente de situações que precisam ser elaboradas, mas se por conta da falta de informação eles não possuírem recursos para elucidar essas questões, o que fazem?

Crianças podem ter contato com a pornografia de forma não intencional, quando estão navegando na internet sem supervisão. Nesse momento, elas podem ficar confusas e se sentirem culpadas e com medo de falar com os pais sobre essa situação, já que nunca nada sobre o tema foi abordado. Elas ficam perdidas e sem saber o que fazer.

Alguns adolescentes já procuram pela pornografia de forma intencional. Não podemos deixar a pornografia "educar" nossos filhos, não é saudável e traz muitos prejuízos, podendo causar traumas. A pornografia ensina para nossas crianças e adolescentes que o ato sexual não precisa de consentimento e isso é muito perigoso. Normalizar formas de abuso deixam aqueles que mais precisam de nossos cuidados vulneráveis. "Os pais são em parte culpados por não conversarem com seus filhos sobre questões sexuais. Usei isso em meu proveito, ensinando à criança eu mesmo." Isto é o que conta um pedófilo condenado (Ministério Público do Estado de Minas Gerais, 2013, página 21).

Como fazer a educação sexual?

A escuta é a chave para a educação sexual. Estar atento e entender a real necessidade da criança e do adolescente em relação às perguntas que fazem é essencial. Ser verdadeiro e tratar esse assunto de forma natural também.

Existem alguns conceitos que são básicos e podem ser trabalhados em qualquer idade, por exemplo, o consentimento, o que pode e o que não pode ser tocado quando o assunto é o seu próprio corpo.

Para assuntos mais específicos, precisamos ficar atentos ao momento de abordá-los, respeitando sempre as fases de desenvolvimento para utilizar uma linguagem adequada a cada faixa etária.

Cada família tem a sua postura e crenças em relação à educação sexual, e se acostumar com a ideia de iniciar essa educação em casa pode não ser fácil, mas acreditamos que é importante começar de alguma forma, então seguem algumas informações que podem ser ajustadas à realidade de cada um.

Com a criança de 0 a 4 anos, podemos iniciar falando sobre o seu corpo, ensinando os nomes das genitálias e informando sobre a diferença entre corpos de meninos e de meninas.

Entre os 4 e 8 anos, podemos incluir as informações sobre a famosa pergunta: "De onde vêm os bebes?", com explicações que vão desde o relacionamento sexual até o processo de nascimento.

Na puberdade, entre 8 a 12 anos, são vários os assuntos que giram em torno das mudanças dessa fase e que podem ser abordadas, como menstruação, semenarca, ereção e ejaculação.

Com crianças mais velhas, perguntas que envolvem questões ainda não respondidas começam a vir à tona e nós, como pais e responsáveis, podemos incentivar que esse tipo de conversa aconteça dentro de casa.

É preciso naturalizar as questões sexuais para que seu filho não acredite que tem "a mente suja" quando pensar em fazer alguma pergunta sobre sexualidade e sexo.

E se você for pego de surpresa por uma pergunta do seu filho e não souber responder naquele momento, não tente abafar a conversa ou deixar para lá, você pode dizer que não sabe como responder naquele momento, mas que vai voltar a falar sobre isso quando souber. Deixar a porta aberta é sempre o melhor caminho. Mas precisa voltar a falar sobre o que foi questionado. Combinado?

A educação sexual é um ato de amor. Cuidem de nossos "pequenos". Proteja-os.

Referências

BRASIL. Constituição (1988). *Constituição da República Federativa do Brasil.* Brasília, DF: Senado Federal: Centro Gráfico, 1988.

CHILDHOOD BRASIL. *Educação sexual para a prevenção do abuso sexual de crianças e adolescentes.* Disponível em: <https://www.childhood.org.br/educacao-sexual-para-a-prevencao-do-abuso-sexual-de-criancas-e-adolescentes>. Acesso em: 18 abr. de 2021.

FURLANI, J. *Educação sexual na sala de aula: relações de gênero, orientação sexual e igualdade étnico-racial numa proposta de respeito às diferenças.* Belo Horizonte: Autêntica Editora, 2011. p. 24-25.

MINISTÉRIO DA SAÚDE. *Boletim Epidemiológico* 27. Vol. 49, 2018.

MINISTÉRIO PÚBLICO DO ESTADO DE MINAS GERAIS. *Cartilha todos contra a pedofilia.* 3. ed. 2013.

ORGANIZAÇÃO MUNDIAL DA SAÚDE. *Saúde sexual, direitos humanos e a lei.* 2020, página 15.

RICHARDSON, J.; SCHUSTER, M. A. *Sobre sexo: tudo o que você teme que seus filhos perguntem, mas precisa informar.* São Paulo: MM, 2010.

SOUZA, H. P. de. *Sexo, energia presente em casa e na escola.* São Paulo: Paulinas, 2002.

10

AMOR É LUZ QUE CONECTA E TRANSFORMA

Gary Chapman, autor do livro *As cinco linguagens do amor*, ressalta que cada pessoa tem uma linguagem de amor específica, por meio da qual se sente genuinamente amada e cuidada. Saber expressar e receber essas manifestações de amor é fundamental para abastecer o tanque emocional que todos precisam para aprender novas habilidades e cooperar para estabelecer relações mais harmoniosas e seguras.

FÁTIMA CHAVES

Fátima Chaves

Psicóloga clínica graduada pela PUC-GO (1984), com pós-graduação em Psicopedagogia pela PUC-GO (2006/2008); Psicopatologia Clínica pela Universidade Paulista-Unip (2009/2010); mestranda em Psicanálise pela UK (Universidade John Kennedy-Buenos Aires); *Master coach* certificada pela Febracis (Federação Brasileira de Coaching Integral Sistêmico) em 2018, instituição reconhecida e parceira da Flórida Christian University; certificação em *Master Coach* pela AIC (Academia Internacional de Coaching) em 2016; analista de perfil comportamental CIS *Assessment* (2018); orientadora vocacional e de carreira (2018); facilitadora do programa *Encorajando Pais* (2020), palestrante e treinadora.

Contatos
fatimachaves.pcis@hotmail.com
Instagram: @fatimachaves.pcis
62 99979 7452

Não me lembro, agora, quem é o autor desta frase: *O que acontece na infância não fica na infância*, porém, ela chamou minha atenção de forma significativa, pois sintetiza com simplicidade e clareza o quanto o que vivemos no passado pode influenciar de forma positiva ou negativa na maneira como nos conectamos, comunicamos e relacionamos com o mundo, as pessoas, a natureza, enfim, com a vida.

Diante dessa perspectiva, ouso dizer que a infância é o período mais importante para a formação de todo ser humano, por isso é fundamental dedicarmos uma atenção especial para nossas crianças, semeando tudo aquilo que queremos que germine e fortaleça, para que se tornem adultos seguros, confiantes, capazes de crescer e contribuir para a construção de um mundo melhor.

Acredito que todos concordem que a família é o primeiro lugar onde temos oportunidade de aprender e desenvolver as habilidades socioemocionais e de vida, necessárias para nos tornarmos pessoas cada vez mais humanas, sendo o Amor o ingrediente fundamental para que tudo aconteça e, preferencialmente, que seja um amor incondicional.

Você já deve ter escutado alguém dizer, ou se você é pai ou mãe, muito provavelmente já deve ter dito "Amo meu filho incondicionalmente!" Não estou dizendo que você não ama seus filhos, mas será que eles, realmente, sentem o seu amor? Será que você consegue comunicar o seu amor na linguagem que seu filho, realmente, entende?

Estou provocando essas reflexões para que possam trazer luz e não culpa ou julgamento. Uma coisa é certa: todo pai e toda mãe amam seus filhos, fazem tudo que podem e dão o seu melhor com o conhecimento, as informações e as condições que têm, no momento para expressar todo o seu amor e prepará-los para a vida adulta.

Ninguém é culpado pelo que não conhece, porém, a partir do momento que adquirimos o conhecimento necessário, nos tornamos responsáveis. Acredito que você já deve ter buscado informações, conhecimentos, especializações para se tornar um profissional cada vez melhor na sua área de atuação, certo? E para ser um melhor pai ou uma melhor mãe, você acredita de que também seja importante estudar para melhor educar seu filho? Tenho certeza de que para quem está lendo este livro, a resposta foi "sim".

É fato que os pais são os primeiros e mais importantes professores para seus filhos, porém, diante das inúmeras informações que surgem todos os dias em nossa sociedade moderna, exercer a paternidade ou maternidade, e ainda conseguir criar filhos emocionalmente saudáveis, tem se tornado um grande desafio. Os pais sempre querem oferecer o melhor para seus filhos, mas se sentem inseguros e amedrontados diante de tantas ameaças contemporâneas como vícios, drogas, violência, falta de tempo, atividades sexuais precoces que resultam em doenças venéreas e/ou gravidez prematura, baixo rendimento escolar e até suicídio.

Diante dessa realidade assustadora e cruel, falar de amor parece incongruente, porém diversos estudos científicos vêm comprovando que a conexão de amor entre pais e filhos tem mudado significativamente esse cenário.

Aqui, o foco principal será ajudar os pais a identificarem a principal linguagem do amor de seu filho, entendendo que elas são universais, independentemente da idade, gênero, cor ou raça. Todos temos necessidades básicas de nos sentirmos verdadeiramente amados, aceitos, importantes e pertencentes. Isso vale para a convivência dentro do nosso núcleo familiar, como em qualquer outro relacionamento que passe a fazer parte do ciclo da vida de cada um.

Quando os pais conseguem desenvolver a capacidade de expressar a linguagem que faz o filho se sentir, verdadeiramente, amado, eles abastecem seu tanque emocional com o amor incondicional, verdadeiro e sincero, proporcionando um relacionamento mais saudável e prazeroso. À medida que esse tanque vai sendo retroalimentado, novas habilidades vão sendo desenvolvidas, capacitando pais e filhos a crescerem e agirem de forma mais harmoniosa, segura e confiante para a construção de um mundo melhor para todos.

O amor incondicional é completo. Nele, os pais aceitam, amam e apoiam seus filhos pelo que eles são e não pelo que eles fazem ou deixam de fazer. Infelizmente, muitos pais baseiam sua atuação no amor condicional oferecendo presentes, recompensas e privilégios para aqueles que se comportarem bem, e punições, castigos, retirada de privilégios para os que agem de forma inadequada.

Se você tem amado seus filhos de maneira condicional, é provável que esteja enfrentando dificuldades no relacionamento com eles, porém, é possível aprender, desenvolver e exercitar o amor incondicional e transformar todos os seus relacionamentos em momentos de amor e prazer.

Como descreveremos a seguir, há cinco linguagens do amor e, provavelmente, seu filho tenha uma que melhor lhe comunica esse sentimento. A partir do momento que você identificar e se conectar com a linguagem que seu filho entende, mais você vai reconhecer e acolher suas necessidades, e à medida que o tanque emocional for sendo retroalimentado, mais forte o relacionamento familiar se tornará.

Contudo isso não significa que os pais devam se comunicar apenas na linguagem do amor específica do filho, aquela que mantém seu tanque emocional abastecido. É muito importante que o filho, também, receba amor em todas as linguagens, assim, ele se tornará, como você, um poliglota emocional capaz de identificar e se comunicar na linguagem de amor que seja prioridade para as pessoas que ele porventura vier a se relacionar.

As cinco linguagens universais do amor

1. Toque físico: esta linguagem não se restringe apenas aos atos de abraçar e beijar; ela inclui qualquer tipo de contato físico como afagar o filho na cabeça, dar tapinhas nas costas, massagear nos ombros ou ainda brincar de jogá-lo para cima. Se essa for a principal linguagem de amor do seu filho, ao expressá-la, você estará enchendo completamente o tanque de amor dele.

2. **Palavras de afirmação**: aqui, as palavras positivas de instrução, de afeto, carinho, elogio, encorajamento, assim como todas as palavras de afirmação são importantes e expressam a mesma frase: "Eu te amo e me importo com você."

3. **Tempo de qualidade**: significa dar atenção concentrada e exclusiva. É o presente da presença do pai ou da mãe para o filho, cujo significado representa as mensagens: "Você é importante para mim", "Gosto muito de estar com você", fazendo-o sentir-se verdadeiramente amado.

4. **Presentes:** o ato de dar e receber presentes pode ser uma poderosa expressão de amor; para isso, os filhos precisam sentir que seus pais se importam genuinamente com eles. Por esta razão, as outras linguagens de amor devem ser comunicadas junto com um presente.

5. **Atos de serviço:** é o ato de os pais servirem seus filhos; porém, o objetivo principal não deverá ser fazer o que eles querem, mas sim fazer o que é melhor para eles. É fundamental adequar os atos de serviço à idade do filho, quando os pais devem fazer por ele somente aquilo que ainda não consegue fazer sozinho.

Descobrir qual é a linguagem de amor dos filhos é um processo cuja tarefa exige muita conexão, atenção, persistência e paciência por parte dos pais. Conforme forem conhecendo melhor seus filhos, mais fácil será perceber os sinais da linguagem predominante e, assim, manter o tanque emocional abastecido, tornando-os mais abertos para cooperar.

A seguir listo algumas orientações que poderão ajudar os pais a desvendarem a linguagem de amor dos filhos:

- **Observe como seu filho expressa amor por você.** Pode ser um indício de que seu filho esteja expressando a própria linguagem de amor, ou seja, a maneira como ele expressa amor por você pode ser a mesma que gostaria de receber.
- **Observe como seu filho expressa amor por outras pessoas.** O fato de seu filho querer sempre levar um presente para a professora, ou se gosta de abraçar os amigos, pode indicar ser a forma como ele, também, gostaria de receber amor.
- **Observe com atenção o que seu filho pede com mais frequência.** Ele pede com frequência que você jogue ou que conte uma história? Provavelmente, ele esteja pedindo sua atenção exclusiva, ou seja, tempo de qualidade. Esteja atento à comunicação, comportamento e aos códigos que ele utiliza. São sinais que podem indicar a principal linguagem de amor dele.
- **Observe do que seu filho reclama com mais frequência.** Toda criança reclama de vez em quando; muitas dessas queixas estão relacionadas a desejos imediatos, e não são obrigatoriamente uma indicação da linguagem de amor. Portanto, se as reclamações caírem em um padrão repetitivo, de forma que mais da metade das queixas estejam centralizadas em um tipo de linguagem, tem grande possibilidade de ser a linguagem que abastece o tanque emocional do seu filho.
- **Ofereça oportunidade de escolhas.** Oriente seu filho a escolher entre duas linguagens de amor, por exemplo: "Filho, você prefere assistir a um filme junto

comigo ou que eu prepare aquela sobremesa que você adora?", ou seja, escolher entre tempo de qualidade ou atos de serviço. É importante que os pais façam registro das escolhas dos filhos por algumas semanas. A linguagem que tiver maior concentração de escolhas tem grande possibilidade de ser a linguagem que melhor comunica seu amor a ele.

- **Testar todas as linguagens.** Se nenhuma das sugestões anteriores for eficaz para ter pistas suficientes sobre a linguagem de amor do seu filho, esta poderá ajudar. Primeiramente, escolham uma das cinco linguagens de amor e passem duas semanas expressando, todos os dias, essa linguagem e observando como seu filho reage. Se escolheram comunicar a linguagem do toque físico e seu filho começar a reclamar que vocês estão muito "grudentos" ou a se queixar de tantos abraços, pode significar que esta não seja a linguagem dele. Então, escolham outra linguagem para se concentrarem nela quando for expressar amor ao filho. Se ao final de duas semanas vocês perceberem um brilho diferente em seu olhar, mais cooperação, e ouvir dele comentários positivos, é bem provável que vocês tenham encontrado a linguagem que melhor comunica amor a seu filho.
- **Jogo do mistério das linguagens do amor (do livro *As 5 linguagens do amor das criança*, de Gary Chapman).** Este jogo ajudará os pais a identificar melhor a linguagem de amor dos filhos maiores de 9 anos. Cada bloco com as pistas apresenta duas frases que, às vezes, os pais dizem aos filhos. A criança deverá ler cada uma e escolher a frase da qual mais gosta e que gostaria de ouvir dos pais. Em seguida, faça um círculo na letra que acompanha o comentário.

ATENÇÃO: deverá circular somente uma letra de cada bloco! Depois de terminar os 20 blocos, volte e conte quantas letras A, B, C, D, e E estão circuladas. Anote os pontos nos espaços em branco indicados no final do jogo.

1	Quero um abraço!	A
	Você é espetacular!	B
2	Comprei um presente de aniversário para você!	C
	Vou ajudar você no seu trabalho.	D
3	Vamos ao cinema.	E
	Toca aqui!	A
4	Você é muito inteligente!	B
	Você já fez sua lista de Natal?	C
5	Você me ajuda a preparar o jantar?	D
	Quero ir a lugares divertidos com você!	E
6	Venha me dar um beijo!	A
	Você é a pessoa mais importante para mim.	B
7	Tenho um surpresa para você!	C
	Que tal fazermos uma coisa bem legal?	D

8	Venha, vamos ver televisão juntos!	E
	Te peguei! Agora é sua vez.	A
9	Parabéns pelo seu trabalho!	B
	Você merece uma surpresa legal.	C
10	Convide seus amigos.	D
	Vamos ao seu restaurante predileto.	E
11	Vou ficar bem juntinho de você!	A
	Você é uma criança espetacular.	B
12	Fiz seu prato favorito.	C
	Vi seus deveres de casa. Estão ótimos!	D
13	É muito divertido estar com você!	E
	Vamos apostar uma corrida.	A
14	Puxa! Você conseguiu!	B
	Há um presente para você embaixo da cama!	C
15	Arrumei seu quarto!	D
	Vamos jogar algo juntos.	E
16	Você quer que eu coce suas costas?	A
	Você é capaz, não desista!	B
17	O que você gostaria de ganhar no seu aniversário?	C
	Podemos pegar seu(sua) amigo(a) a caminho do cinema.	D
18	Sempre gosto de fazer coisas com você.	E
	É muito gostoso abraçar você!	A
19	Como você conseguiu? Que garoto(a) inteligente!	B
	Não vejo a hora de dar seu presente!	C
20	Não se preocupe! Vou buscá-lo(a) a tempo!	D
	Vamos passar o dia fazendo o que você quiser!	E

Quantas letras?	A		Toques físicos
	B		Palavras de afirmação
	C		Presentes
	D		Atos de serviço
	E		Tempo de qualidade

Algumas das linguagens do amor podem ter alcançado pontuação mais alta que outras, mas não despreze as de menor pontuação achando que elas são insignificantes. Seu filho pode expressar amor daquela maneira, e será bom que você entenda isso em relação a ele.

Ensinar os filhos sobre as cinco linguagens do amor e amá-los utilizando todas elas é investir no desenvolvimento de habilidades que são fundamentais para que os filhos se tornem adultos emocionalmente saudáveis, capazes de contribuir para a construção de um mundo mais respeitoso e humano.

O amor reside nas conexões, nos vínculos.
BÁRBARA L. FREDRIKSON

Referências

CESTAROLI, A. *Apostila do curso Encorajando Pais.* Turma 4, 2021.

CESTAROLI, A. et al. *Conectando pais e filhos 2: práticas encorajadoras para educar crianças e adolescentes.* Rio de Janeiro: Conquista, 2020.

CHAPMAN, G. *As 5 linguagens do amor.* Tradução: Emirson Justino. São Paulo: Mundo Cristão, 3. ed., 2013.

CHAPMAN, G. CAMPBELL, R. *As 5 linguagens do amor das crianças* [livro eletrônico]. Tradução: José Fernando Cristófalo. São Paulo: Mundo Cristão, 2013.

NELSEN, Jane. *Disciplina Positiva.* Tradução: Bernadette Pereira Rodrigues e Samantha Schreier. 3. ed. Barueri: Manole, 2015.

11

AUTODESCOBRIR-SE PARA UMA PARENTALIDADE ENCORAJADORA

Apresenta-se aqui um caminho para a parentalidade encorajadora, trilhado por meio do resgate da criança interior, da atitude de autorresponsabilidade, da compreensão das estratégias de sobrevivência e da reconciliação sistêmica. São passos em direção à maior conexão com os filhos e a uma educação encorajadora, embasada no respeito, no amor incondicional e na liberdade para ser quem se é.

FERNANDA CAÑETE VEBBER

Fernanda Cañete Vebber

Psicóloga clínica e educacional, graduada pela PUC-RS (2002), com licenciatura em Psicologia pela UFRGS (2009), especialização em Psicopedagogia clínica e institucional (PUC-RS) e em Orientação educacional (UniLasalle). Mestre em Educação (UFRGS). Facilitadora do *Programa Patchwork de Transformação Pessoal*, com experiência no desenvolvimento de grupos terapêuticos. Terapeuta EMDR, com formação em Constelações Sistêmicas e Movimentos Essenciais (UCS). Consultora em Encorajamento, educadora parental pela PDA e facilitadora do Programa *Encorajando Pais*. Atualmente, realiza atendimentos individuais, mentoria para pais, consultoria educacional e grupos terapêuticos.

Contatos
fernandavebber@gmail.com
Instagram: @fernandacanetepsi
54 99105 2841

Entender o sentido da sua vida é a melhor dádiva que se pode dar a um filho ou a si mesmo.
DANIEL SIEGEL e MARY HARTZELL

Como sermos pais e facilitarmos o desenvolvimento dos filhos para que sejam adultos com habilidades desenvolvidas para a vida? A resposta a essa questão é a fórmula que muitos pais gostariam de receber ao vivenciar a parentalidade, senão todos. A parentalidade envolve o entrelaçamento de histórias de vida, de um pai e de uma mãe e sua ancestralidade, pertencentes a um sistema com suas culturas e seus destinos.

Cresci com o anseio de fazer algo para que as crianças crescessem saudáveis. Algo da minha própria história despertou essa consciência. Com o tempo, foi possível perceber que eu me referia a um diálogo entre o desenvolvimento saudável da criança, com o florescer de suas potencialidades, e a liberdade dessa criança interior, que segue conosco na vida adulta. Personalidade em desenvolvimento, contexto de vida na infância e mundo internalizado entrelaçados constituindo um ser humano.

A concretude da maternidade em minha vida reativou tudo isso de um novo lugar, levando-me a revisitar minha própria história de vida. Eu decidi ser mãe e verdadeiramente mergulhei no processo de "manhecer", apropriar-me de ser mãe. Validei a importância de a mãe confiar na intuição materna.

Questionava-me, como mãe e profissional, sobre como a parentalidade poderia favorecer o desenvolvimento de uma autoestima saudável e de filhos felizes, de forma que mantivessem a vivacidade e força de sua criança interior. Um questionamento orientado pela saúde mental, longe de superproteção, do medo de magoar os filhos, de falta de comunicação, projeções ou a tentativa de os pais serem perfeitos. Mesmo desejando o melhor aos filhos, eles terão o próprio caminho a seguir na vida, com suas marcas, também com as dores de sua criança interior, e como pais iremos apoiá-los em seu desenvolvimento.

Ser pai e ser mãe nos lança para uma linda e responsável missão, que pode ser trilhada de acordo com as escolhas de cada família, conscientes e intencionadas ou inconscientes. Para além de pensar em como agir com os filhos, há algo que antecede, que é refletir sobre como o comportamento do adulto pode contribuir no comportamento da criança, como a personalidade dos pais afeta a personalidade dos filhos, como o autoconhecimento interfere em sua abordagem como pais. Quando adentramos na parentalidade, vivemos novamente um relacionamento íntimo entre pais e filhos, agora no papel de pais, e tal experiência nos traz a oportunidade de crescermos como indivíduos.

Não somos efetivamente preparados para sermos pais. Partimos para a experiência da parentalidade tendo como referência o que experienciamos como filhos na relação com nossos pais. A pesquisadora apaixonada por comportamento humano, Brené Brown, nos diz que quando se trata de sentimentos de amor, aceitação e valorização, somos estruturalmente moldados pelo que escutamos, pelo que nos contam e pela maneira como vemos nossos pais se relacionarem com o mundo. Sabendo disso, a primeira grande decisão ao pensar em ser pais deveria ser querer se tornar alguém melhor para ofertar sua melhor versão, ampliando a consciência sobre quem somos, como agimos e nos relacionamos com os outros.

Em minha experiência, tem sido essencial estar atenta ao que se passa comigo como mãe na relação com minha filha, ao meu processo de autoconhecimento e de conexão com minha criança interior. Ao mesmo tempo, honrar meus pais, minha cultura, e sentir a força que vem deles e da minha ancestralidade, fazendo a leitura das necessidades da minha filha e criando uma relação embasada no respeito mútuo e na comunicação efetiva e encorajadora.

O caminho para esse processo contínuo de autoconhecimento é diverso e a psicoterapia é de grande valia para autodescobrir-se e encorajar os pais a entender sua história de vida, como a infância vivida pode influenciar no presente e afetar o relacionamento com os filhos.

"Ser pai ou mãe é uma chance de nos recriarmos ao entender o sentido das experiências na infância. Esse processo de entender o sentido do passado é altamente benéfico para nossos filhos, assim como para nós mesmos. [...] Captar o sentido da própria história de vida permite ter conexões mais profundas com os filhos e ter uma convivência coerente e mais feliz" (SIEGEL; HARTZELL, 2020, p. 297). O caminho que se apresenta aos pais, pensando no melhor para si e aos filhos, é assumir a própria história e fortalecer a identidade de quem se é, criando uma coerência ao reconhecer o cenário de infância, a dimensão do vivido por sua criança interior e suas dores.

Todos os adultos carregam em si uma criança ferida, que não teve suas necessidades de se sentir amada, acolhida e aceita plenamente supridas, o que de fato seria humanamente impossível. Sem a consciência da existência da criança interior ferida, os pais podem querer suprir suas necessidades infantis na relação com os filhos, dando a eles o que sua criança necessitava, enxergando a sua própria criança no filho, ou esperando que os filhos lhes deem o amor, o reconhecimento ou a atenção que não receberam, configurando assim uma inversão de papéis.

Percebemos a criança interior ferida atuando na parentalidade quando os pais:

- temem desagradar os filhos e deixam de se posicionar pelo medo de não serem amados pelos filhos. Podem também disputar com outras pessoas o afeto dos filhos por medo de ser menos amado;
- querem fazer tudo pelos filhos, não conseguem dizer não, temendo que os filhos sofram;
- sentem que é difícil validar e acolher as emoções dos filhos, minimizando ou julgando o que a criança sente;

- têm dificuldade para estar disponíveis emocionalmente. Pais com outras prioridades, deprimidos, multi atarefados, que não reservam tempo de qualidade para estarem com seus filhos;
- repetem o padrão de educação vivido, mesmo quando o julgam e querem fazer diferente;
- delegam sua responsabilidade parental, não assumem o seu papel, e podem se colocar na posição de amigos dos filhos.

Vemos assim como a criança ferida pode influenciar a parentalidade e o quanto o seu não reconhecimento pode levar os pais a projetar suas necessidades nos filhos, agindo pelo temor da dor de sua criança interior ao invés da confiança no potente amor que conecta pais e filhos. Ao deixar de reconhecer as necessidades dos filhos, nutre-se a desconexão afetiva, sendo que o que mais se almeja é a conexão. A boa notícia é que com o nosso eu adulto de hoje podemos resgatar nossa criança interior para que se sinta amada, acolhida e vista, reconectando-nos com a criança que fomos um dia. É sempre tempo de integrar a nossa história em nós.

É fundamental no percurso da parentalidade encorajadora essa atitude de autorresponsabilidade. A responsabilidade pessoal diante da nossa história é uma postura que liberta os filhos, deixa-os livres de necessidades infantis não reconhecidas dos pais. Ser adulto, ser protagonista e responsável pelas decisões que tomamos na vida, especialmente a de não aprisionar nossos filhos e de ser capaz de lhes perguntar o que precisam de nós, pais, ao invés de lhes impor a satisfação de nossas próprias necessidades (GUTMAN, 2013). Para assumir esse lugar, do adulto que escolhe e age, também é preciso deixar a atitude de vítima que clama por aquilo que não se teve na infância.

A responsabilidade pessoal nos convida também, como um adulto com consciência de hoje, a construir novas decisões sobre as experiências da infância, a decidir o que faremos com o que nos aconteceu quando crianças. Hoje, como adulto, você pode fazer novas escolhas em relação às experiências de seu passado que ainda o afetam. A neurociência e abordagens atuais de psicoterapia, como a terapia EMDR, evidenciam essa possibilidade. "O fator crítico não é o que aconteceu com você em sua infância, e sim como você enxerga o efeito dessas experiências sobre sua vida" (SIEGEL; HARTZELL, 2020).

Torna-se essencial a auto-observação sobre o quanto se pode estar ainda reagindo às experiências da vida e na educação dos filhos com o eu criança ferido, de forma automática, e também reproduzindo o modelo de educação dos próprios pais. Esse automatismo, inconsciente muitas vezes, encobre a potencialidade amorosa e emocional de nossa melhor versão como pais, a qual cria conexão e favorece a educação encorajadora.

Outro aspecto é compreender como você fez para sobreviver às dores de sua criança interior ferida. Todos nós tomamos decisões sobre o que experienciamos quando éramos crianças, que se tornaram nossas crenças básicas.

Essas crenças inconscientes podem ir conduzindo a forma de agir, seguindo uma lógica infantil, na tentativa de satisfazer as necessidades não satisfeitas da infância. As decisões não conscientes resultantes disso ao longo da vida formam o estilo de vida, uma estratégia de sobrevivência na tentativa de se sentir aceito e importante.

A "prioridade de estilo de vida" se manifesta quando nos sentimos inseguros ou ameaçados quanto ao sentimento de aceitação e importância (NELSEN, 2015). É a forma como de costume reagimos em momentos de estresse. As prioridades de estilo de vida são: conforto, controle, satisfação e superioridade. Quanto mais estressado, maior a tendência a recorrer às decisões infantis e ao comportamento característico do seu tipo de estilo de vida.

A compreensão de sua prioridade de estilo de vida e de como ela influencia a relação com seus filhos lhe permitirá fazer escolhas mais conscientes na forma de educar, percebendo seus pontos fracos e buscando agir de acordo com vantagens de sua prioridade. Pode auxiliar os pais a perceber, por exemplo, o que possa estar por trás de uma disputa de poder com as crianças. Permite que os pais assumam mais sua responsabilidade pelo que criam com suas escolhas e comportamentos em vez de considerar somente a perspectiva da criança olhando para o "mau" comportamento.

A parentalidade encorajadora, a coragem de sermos pais, abordagem que vivencio e embasa meu trabalho em psicoeducação parental, centra-se no percurso de autodescobrir-se que envolve o resgate da criança interior, a atitude de autorresponsabilidade, a compreensão das estratégias de sobrevivência e a reconciliação na visão sistêmica de Bert Hellinger.

Fortalece-nos como indivíduos e como pais honrar nossos pais e nossa ancestralidade. E nesse movimento de reconhecer, respeitar e agradecer aos pais pela vida que nos foi dada, também vamos nos conectando com a alegria, a espontaneidade e a parte de nossa criança interior que se sentiu vista, amada e pertencente. Voltamos a nos sentir livres e, consequentemente, liberamos nossos filhos por estarmos assim mais fortalecidos no eu adulto com a força recebida de nossos pais.

Ao dar um bom lugar no meu coração a tudo o que foi na minha história, crio a reconciliação com meu passado, me fortaleço e me sinto mais livre para olhar para minha vida. Liberto meus filhos de exigências e expectativas porque sinto que recebi tudo o que necessitava para fazer algo de muito bom com a minha vida.

A parentalidade nos abre uma porta para revisitarmos nossa história a partir dos filhos. A educação dos filhos é um processo de autoeducação com benefícios mútuos. Por onde começar? Olhando para sua mochila, para a bagagem de sua história, desvendando-se a cada nova experiência na interação com os filhos. Mantendo um questionamento constante sobre quem você é e quem é seu filho, qual a sua necessidade e qual a necessidade dele. Agindo com amor e criando conexão. Buscando ajuda para aprofundar sua transformação. Compreendendo que a dor da criança interior guarda a força para a cura. Encorajando-se para encorajar os filhos em seu desenvolvimento pleno.

Como fruto do autodescobrir-se, o maior ganho para os filhos é sua liberdade e o amor incondicional dos pais. Como bem nos diz Laura Gutman, os pais precisam fazer algo se querem que seus filhos cresçam livres, suficientemente limpos das projeções dos pais, que é questionar sua história pessoal, sendo profundamente honestos consigo.

Somos os melhores pais para os nossos filhos pelo simples fato de termos sido presenteados pela escolha deles de sermos seus pais. Há uma razão para que sejamos nós os seus pais. Somos exatamente quem eles precisam para se desenvolver e evoluir.

Que possamos abraçar essa dádiva da vida fazendo e ofertando o que há de melhor em nós, o nosso amor e tudo o que deriva dele.

Referências

BROWN, B. *A coragem de ser imperfeito*. São Paulo: Sextante, 2016.

CAÑETE, I. *Uma janela para os pais*. Porto Alegre: BesouroBox, 2013.

GEBRIM, P. *Gente que mora dentro da gente*. São Paulo: Pensamento, 2004.

GUTMAN, L. *O poder do discurso materno*. São Paulo: Ágora, 2013.

HELLINGER, B. *Olhando para a alma das crianças*. Belo Horizonte: Atman, 2015.

LOTT, Lynn; MENDENHALL, B. *Autoconsciência, aceitação e o princípio do encorajamento*. Barueri: Manole, 2019.

NELSEN, J. *Disciplina positiva*. 3. ed. Barueri: Manole, 2015.

SIEGEL, D.; HARTZELL, M. *Parentalidade consciente: Como o autoconhecimento nos ajuda a criar nossos filhos*. São Paulo: nVersos, 2020.

12

A CAMINHO DA VIDA ADULTA
TRAVESSIA DA ADOLESCÊNCIA

Comunicar-se é essencial. Mas saber se comunicar é indispensável. Neste texto, trouxe à luz a importância de conhecer as mudanças globais do adolescente, com o intuito de melhorar a comunicação entre pais e filhos. Viso ajudá-lo a se enxergar como uma mãe ou pai que dá voz ao filho, permitindo-o transitar para a vida adulta por conta própria.

FRANCIELE DO PRADO ANDREAZZA

Franciele do Prado Andreazza

Psicóloga clínica graduada e pós-graduada em Orientação Psicanalítica pela Universidade de Caxias do Sul. Especialista em Neuropsicologia e em Psicoterapia para adolescentes e orientação de pais. Psicóloga escolar na Secretaria Municipal de Educação de Farroupilha/RS. Facilitadora do programa *Encorajando Pais*, baseado na Disciplina Positiva – Aline Cestaroli

Contatos
www.francieledoprado.com.br
lpsico.francieledoprado@gmail.com
Instagram: @psico.francieledoprado
54 99162 9312

As experiências vividas na infância e na adolescência são cruciais para o desenvolvimento do nosso cérebro. São elas que servem de alicerce para que possamos acalmar as nossas emoções, desenvolver nossas relações e compreendermos o mundo em nossa volta. Sobretudo, as relações com nossos pais, em nossa infância, têm a função direta de moldar quem nos tornaremos mais tarde.

Porém, o que pouca gente sabe é que este desenvolvimento cerebral não acontece apenas na infância, mas sim, permanece em contínua evolução, especialmente na adolescência.

Segundo Herculano-Houzel, o nosso cérebro se mantém em constante desenvolvimento até completarmos 30 anos de idade. Durante essas três décadas, a nossa reorganização cerebral e o crescimento das estruturas cerebrais acontecem de maneira corriqueira.

Com isso em mente, é sabido que os hormônios na adolescência não são os únicos propulsores das mudanças comportamentais, emocionais e físicas dessa faixa etária. Afinal, nem tudo se resume às descobertas sexuais dessa idade.

O corpo do adolescente é bombardeado por mudanças bruscas. Sua estatura aumenta, seu sistema de recompensa se altera e o novo parece mais empolgante, enquanto que grande parte das coisas que soam como familiar são vistas como desinteressantes.

Todas essas alterações comportamentais e cerebrais percebidas têm uma função psíquica indispensável para o desenvolvimento de qualquer sujeito: são elas que permitirão que o adolescente se torne um adulto dono de si, independente.

Nesse contexto, o filho, que antes era um bebê risonho, pequeno e frágil, passa a ser cada vez mais autônomo, deixando de lado a necessidade de ter os pais sempre por perto. Essa autonomia, no entanto, vai aparecendo aos poucos: as idas ao mercado, sem os pais para segurar a mão, as noites na casa de amigos, as festas noite adentro etc. A adolescência inicia a imersão daquele sujeito em desenvolvimento em um conjunto de tarefas que proporcionam o seu amadurecimento, a ponto de o adolescente fazer a sua transição para a vida adulta de forma saudável.

Porém, para que essas tarefas sejam cumpridas, os pais precisam dar este espaço aos seus filhos. Da mesma forma, é necessário estar ciente de que não existe uma "criação perfeita", e que nós, adultos, estamos em contínuo movimento e precisamos transmitir experiências e reflexões de forma paciente, baseando-se na compreensão. Essa transmissão acontece no cotidiano, na prática de tarefas simples, como ensinar seu filho a arrumar a cama ou ensiná-lo a manusear o dinheiro para ir ao mercado.

Todo esse processo relaciona-se ainda com a ideia de mãe "boa", sendo esta mãe, aquela que nem muito se ausenta, mas nem sempre está presente. Isso reflete no fato de que, aos poucos, os pais se tornam desnecessários, oportunizando que o protagonista da vida do adolescente seja ele mesmo.

É claro que essa fase não é fácil para os pais. Deixar o lugar de "super-herói" causa uma dor intensa aos pais, que têm a sensação de sofrerem um "súbito abandono" por parte dos seus filhos, embora não seja verdadeiramente essa a realidade. Afinal, todas as mudanças e alterações na adolescência estão associadas com a transição para a vida adulta, e os pais têm de lidar com a perda do filho que não é mais criança e que agora passa por uma reorganização cerebral, mental e emocional para descobrir o mundo de forma mais subjetiva e profunda, ao explorar seu novo corpo, seu novo papel na sociedade – não mais infantil – e a descoberta de que os pais, que foram idealizados na infância, deixaram de existir ou sequer existiram algum dia. Aqui, o núcleo familiar pode parecer pequeno demais para a pretensão do adolescente e o seu desejo de conhecer, experienciar e descobrir novas relações.

Embora essa quebra de proximidade possa ser dolorida e desafiadora para os pais, é importante destacar que isso nada tem a ver com a falta de amor ou respeito que o adolescente tem por aqueles que o criaram. Mas sim, relaciona-se apenas com o anseio de redescobrir o mundo, reorganizando as informações em sua mente e desenvolvendo a sua própria identidade.

As crises da adolescência tendem a aparecer de maneira multifacetada. As mudanças corporais são apenas um dos traços observáveis, mas é o que acontece no interior do sujeito em formação que promoverá efeitos ainda mais intensos em seu desenvolvimento.

A perda da identidade de criança, por exemplo, implica em uma busca por uma nova identidade. Toda essa trajetória é lenta e detalhista, e não há pressa externa ou interna que acelere o processo.

Diante do espelho, o adolescente se vê e se redescobre. Cria novos estilos, atua de maneiras diferentes e se comunica de uma forma como nunca se comunicou. Assim, o cérebro adolescente começa a reorganizar toda a sua visão sobre si.

Essas mudanças e descobertas podem gerar certa ansiedade que, mais tarde, aparece na sede de estar sempre conhecendo algo novo. À medida que o adolescente se toca, se vê e experimenta, se faz presente no mundo como um indivíduo independente e separado dos pais. O corpo infantil deixa de existir e a compreensão espacial precisa ser elaborada diante de um crescimento considerável. Para termos ideia, a estatura do adolescente pode aumentar na mesma velocidade com que os seus cabelos crescem!

E é em paralelo ao corpo infantil que se perde que a identidade frágil e dependente da infância também se vai. O luto vivido faz com que o adolescente busque suporte em seus "semelhantes", construindo novas identificações e promovendo a reestruturação de sua personalidade. Nessa fase, o indivíduo vai experimentando diversos papéis e identidades que tendem a ser transitórias, até chegar à fase adulta com uma identidade mais consolidada.

Todas essas tarefas gerenciam a transição da infância para a vida adulta e descarregam mudanças no corpo e também no cérebro do adolescente, impactando em seus comportamentos.

Enquanto na infância os nossos receptores de dopamina eram numerosos e uma simples brincadeira de "pique-esconde" parecia maravilhosamente incrível, na adolescência há um declínio nesses receptores. Isto mostra por que as atividades antes vistas como incríveis (como a ida na casa da avó), hoje despertam preguiça e falta de interesse. O mesmo vale para atividades com os pais. Antes, a dependência e a dopamina nas alturas transformavam qualquer interação familiar em uma verdadeira aventura. Hoje, seu filho acha a programação familiar careta, desinteressante e sem graça.

Todo esse processo é natural e associa-se com o luto pelos pais da infância e o desejo de viver experiências mais intensas, com descarga de dopamina maior e, consequentemente, o prazer também.

Ao mesmo tempo, pais e adolescentes temem os avanços da adolescência, estabelecendo um caminho onde os pais supervalorizados da infância sejam vistos de forma crítica e os adolescentes parecem desconhecidos aos olhos dos pais. Aqui, o adolescente enxerga os seus pais como "desnecessários". Tudo isso se trata de um projeto de independência: o adolescente busca sua própria identidade em ambientes sociais mais amplos, substituindo alguns traços da família e desenvolvendo a sua individualidade rica e independente. Vale ressaltar que a perda do lugar infantil é dolorosa e, por isso, nada mais natural do que os pais e os adolescentes lidarem com angústias ao longo do caminho.

A sexualidade explorada, a identidade ainda não definida e a perda dos pais perfeitos afetam o indivíduo que passa a buscar figuras substitutivas dos pais, elaborando assim a sua própria consciência sobre si e o mundo. Em outras palavras, as esquivas dos adolescentes para os programas em família nada têm a ver com desrespeito ou falta de amor. Trata-se de tarefas vividas que constituem o adolescente em sua trajetória chamada "vida".

Para lidar com isso, é necessário dar aberturas e afrouxamentos, ao mesmo tempo em que alguns limites são trabalhados. Tudo isso compondo uma dinâmica apoiada na compreensão, no suporte e na comunicação não violenta, com base na disciplina positiva, na qual a autonomia do adolescente é explorada de maneira respeitosa, considerando o que chamamos de "cultura da paz". Essa cultura remete ao ato de dar espaço sem punir ou coagir, mas permitindo que o adolescente viva as suas descobertas de maneira reflexiva.

As atitudes e as ações no vínculo entre pais e filhos não devem se basear no medo e em comportamentos agressivos. O ato de coagir afasta negativamente, fazendo com que a base familiar possa sofrer um enfraquecimento. Com isso em mente, é preciso enxergar a relação não como um nó no qual os pais prendem, punem e "ordenam" que seu filho aja de determinada forma, mas sim, como um laço. O laço, que não aperta, mas que mantém por perto, afrouxando-se e estabelecendo limites saudáveis, que transmitem ensinamentos com respeito, diálogo, encorajamento, carinho, compreensão e atenção. O nó usa conflitos para resolver problemas, enquanto o laço se baseia no vínculo para criar estratégias que guiem o adolescente rumo aos caminhos mais promissores. O nó que prende precisa ser desatado, por meio de uma intervenção que crie um laço, sem deixar pontas soltas, mas mantendo uma sensibilidade com um olhar mais flexível e que afrouxe e fortaleça à medida que o adolescente cresce, desenvolve-se e começa a enxergar os seus próprios traços. Enquanto a coação e a punição mandam "engolir o choro" ou as palavras e causam o "nó na garganta", o laço desencadeia um equilíbrio ao escutar e ser curioso, atento ao que o filho tem a dizer.

Trazendo à luz do dia a dia, esse enlaçar nasce na capacidade de permitir que seu filho adolescente questione, descubra, erre e aprenda. Isso acontece com conversas adequadas, sem punição, mas apresentando as consequências de atos irresponsáveis. É preciso compreender que as atitudes adolescentes são fruto do seu desenvolvimento cognitivo, emocional e cerebral que, trabalhando "a mil por hora", precisa reorganizar as sensações e os conhecimentos por meio da prática, e do errar e acertar.

No laço com os pais, o adolescente terá espaço para explorar a sua autonomia, sempre com um olhar amoroso e cuidadoso o suficiente para alertá-lo do que está por vir. Afinal, o nó pode engasgar, e o laço "enfeita" as relações.

Assim, o adolescente precisa ter a chance de ver que você está ao lado dele, e não à frente e tampouco acima. Dessa forma, o impulso de agir de maneira exacerbada ou "contra os pais" diminui significativamente. É nesse laço que ele perceberá que pode contar com você, ao invés de ter que "se esconder", por medo da punição.

Para isso, praticar a empatia é essencial. Colocar-se no lugar do seu filho pode ajudá-lo a transmitir os seus conhecimentos e ensinamentos com uma comunicação não violenta. Você deve, nesse cenário, assumir o papel de "copiloto", conversando com o seu filho antes de tomar alguma decisão que possa impactar diretamente na sua vida.

Toda essa "transformação" na relação fará com que o adolescente crie um autoconceito de liberdade, amor, respeito e carinho, sendo estes atributos essenciais para que ele se encoraje e viva cada uma das descobertas da melhor maneira possível.

Na relação baseada em laço, o encorajamento para o seu filho seguir em frente será muito mais valioso do que a humilhação que o nó e a punição provocam. O adolescente percebe que tem seu amor e sua atenção mesmo que não esteja encaixado em pré-requisitos que costumamos ver no dia a dia de pais controladores. Ele percebe que, mesmo com suas próprias falhas, você o aceita e lhe dá forças e energia para novas descobertas e crescimentos.

Lembre-se ainda que a adolescência é uma fase. Uma fase repleta de tarefas, mudanças no corpo, na mente, na forma de enxergar a vida e de sentir as sensações que as relações e as mais simples atividades provocam no corpo. É uma fase de se reconhecer diante do espelho, "encontrar a sua turma", experimentar novos prazeres e lidar com o tédio diante da mesmice. Mas, apesar de tantas mudanças e turbulências necessárias, a adolescência está longe de ser o destino final. Ela é um caminho. Uma etapa, vivida de maneira singular e que merece ser enxergada dessa forma.

É a adolescência quem cria a ponte entre a infância e a vida adulta. É o meio de transporte. E você, enquanto pai e mãe, pode ser o combustível para o adolescente ir cada vez mais longe.

Referências

ABERASTURY, A.; KNOBEL, M. *Adolescência normal: um enfoque psicanalítico.* Porto AlegreArtmed, 2003.

HERCULANO-HOUZEL, S. *O cérebro adolescente: a neurociência da transformação da criança em adulto.*

NELSEN, J. *Disciplina Positiva para adolescentes: uma abordagem gentil e firme na educação dos filhos.* Barueri: Manole, 2019.

SIEGEL, D. *Cérebro adolescente: o grande potencial, a coragem e a criatividade da mente dos 12 aos 24 anos.* São Paulo: nVersos, 2016.

13

O AUTOAMOR NA CONSTRUÇÃO DO VÍNCULO PARENTAL

É um convite aos pais e cuidadores, é uma oportunidade para aprofundar-se no autoconhecimento, resgatar e fortalecer seu amor-próprio. Todavia ao investir no seu desenvolvimento pessoal, o exercício da parentalidade ficará mais leve e prazeroso, pois o amor incondicional por si e pelo seu filho será o combustível diário que ajudará a traçar novas rotas.

GLEISSE NUNES PIRES DA SILVA

Gleisse Nunes Pires da Silva

Psicóloga graduada pelo Centro Universitário de Brasília (2012), com pós-graduação em Terapia Cognitiva Comportamental (2017), com formação em Terapia Cognitiva Comportamental de crianças e adolescentes (2018). Facilitadora credenciada do Programa *Encorajando Pais* (2020 e 2021). Mãe da Ana Luiza e da Maria Clara (melhor experiência da minha vida). Atendimento na área social e em clínica com o público infantojuvenil, com ênfase na educação parental.

Contatos
gleissepires@yahoo.com.br
Instagram: @gleissepirespsi
61 99647 5528

[...]Amar a nós mesmos é libertador.
BRUNO RODRIGUES

Antes de nos tornar pais e mães somos filhos e carregamos dentro de nós uma criança que precisou ser acolhida, amada e educada. E aí, quando passamos de filhos para pais, essa empreitada da parentalidade pode ser desafiadora, se estivermos desencorajados na missão de criar filhos emocionalmente saudáveis e felizes. Além disso, para alguns pais, pode ser pesado assumir esse papel, pelo medo em não corresponder a suas expectativas e a dos outros.

É comum surgirem essas emoções e pensamentos, principalmente em pais de primeira viagem, pois temem ser julgados pelo modo de agir nessa nova função. *Educar um filho não pode ser significado de fardo* (WEBER, 2012, p. 22). Ter filhos também não significa, somente, a perpetuação da espécie humana, mas também a oportunidade para resgatar a criança que um dia foi, e dar a ela novos significados.

Amor-próprio ou autoamor... afinal, o que isto? São sinônimos e, segundo Marano (2021), significam o sentimento de dignidade, estima ou respeito que cada qual tem por si mesmo. É a expressão máxima de autoestima, na qual o indivíduo torna-se resiliente a ponto de manifestar sua satisfação na relação com o próximo.

E o que o autoamor tem a ver com criação de filhos saudáveis e plenos? Como se sabe, o aprendizado social baseia-se na interação com o outro. E a família é o primeiro contato onde aprendemos a nos comunicar, expressar nossas emoções, pensamentos e a nos perceber no mundo. É nesse movimento que pais e filhos começam a jornada do aprendizado, autoconhecimento, descobertas e das dificuldades.

É importante salientar que se o adulto não for capaz de querer bem a si mesmo e a amar-se, será uma tarefa quase impossível transmitir ao filho essa virtude. Segundo Weber (2012), os pais devem ouvir o seu próprio amor, para depois serem capazes de amar seu filho. É esse amor que irá permitir aos pais parar e respirar fundo, quantas vezes for necessário.

Para exemplificar, gosto de usar a seguinte analogia: assim como as plantas precisam da água para crescer e dar frutos, todos os seres humanos precisam do amor. Dessa forma, a colheita será abundante.

Aos futuros pais, basta encarar a parentalidade como melhor empreendimento de sua vida. E como qualquer grande investimento, carece dispor de tempo de qualidade, aprendizado parental constante e desenvolver muito autocontrole (WEBER, 2012). Ao concentrarmos nossa energia em autocríticas e exigências sobre nosso comportamento e de nossas crianças, enxergaremos somente os defeitos e aquilo que "poderia ou deveria ter acontecido ou ter sido feito". Dessa maneira, colocamos em risco a base protetora do ser humano, que é o autoamor, o autoconceito, a autoconfiança e, consequentemente, a autoestima. Isto determinará como o sujeito vai passar pelos desafios.

Desde a tenra infância, fomos ensinados a perdoar, amar e ter compaixão pelo outro, mas, equivocamente, pouco nos ensinam sobre a importância em nos valorizarmos em primeiro lugar, e em cultivar o amor-próprio.

"Amar a si mesmo desprezando ou ignorando os outros é pura presunção; amar os outros desprezando a si mesmo é falta de amor-próprio" (RISO, 2012, p. 6).

Quantas pessoas conhecemos que desacreditam de seu potencial e julgam não serem merecedoras e capazes de conquistar vários projetos? E quando se permitem, o sentimento de culpa e egoísmo é avassalador. Segundo Riso (2012), pessoas que possuem a visão negativa de si são propensas a alguns transtornos psicológicos como fobias, depressão, estresse, ansiedade, insegurança interpessoal, alterações psicossomáticas, problemas de relacionamento, baixo rendimento acadêmico e profissional, abuso de substâncias nocivas, problemas de imagem corporal, incapacidade para regular as emoções e muitos outros.

Para melhor compreensão e discussão sobre a importância do autoamor na construção do vínculo parental, proponho refletirmos os seguintes contextos:

Criança 1: pais acolhedores e comprometidos com a educação socioemocional, e seguros quanto ao processo de educação.

Criança 2: educada em um ambiente ríspido, pais inseguros, sentimentos ambíguos, depressivos, baixa autoestima e relações parentais fragilizadas.

Poderíamos afirmar que ambas teriam a mesma condição à capacidade de resiliência, autoamor, autovalorização, autocompaixão e vibrariam pelas suas conquistas? Com certeza, não! A criança educada no ambiente seguro terá maior probabilidade de desenvolver todas essas virtudes, enquanto a criança educada em um ambiente ríspido tende a repetir tais padrões e a internalizar conceitos disfuncionais a respeito de si, do outro e do mundo. Com essa ação, provavelmente terá prejuízos nos seus relacionamentos, no seu desenvolvimento intelectual, no ambiente de trabalho e, consequentemente, no exercício da parentalidade.

A fim de evitar tais prejuízos, compete aos pais identificar padrões repetidos por gerações e decidirem, a partir desse conhecimento, tomar decisões conscientes.

> *As pesquisam mostram que os comportamentos se repetem de geração a geração e que há conceitos tão arraigados que as pessoas agem em função deles sem ao menos questioná-los.*
> WEBER, 2012, p .10.

Nesse caso, o preparo emocional dos pais é imprescindível na construção da autoconfiança, do autoamor e da autorregulação, que são fatores importantes no desenvolvimento da criança para a vida adulta.

Para que tenham filhos preparados emocionalmente, os pais devem deixar de lado seus próprios preconceitos, ser menos críticos, bem como se aventurar ao autoconhecimento. É importante salientar que não há receita para criar filhos felizes e resilientes, mas o que se sabe é que alguns cuidados precisam ser tomados. Existem pesquisas que comprovam como as crianças reagem frente aos hábitos dos pais. Nesse sentido, a autora Nelsen (2020) ressalta que um dos fatores mais significativos que afetam as crianças são os sentimentos dos pais e como eles se comportam diante disso. Assim, cabe a eles a responsabilidade de transmitir aos filhos, por meio do exemplo, o máximo de habilidades e virtudes positivas.

Precisamos aceitar que, nesse percurso, é normal errar e ter recaídas. Errar será o termômetro necessário para repensar as práticas parentais. Todavia, Brown (2016) afirma que mesmo diante da maior vulnerabilidade, os pais não devem se entregar ao medo, à vergonha, à culpa e ao julgamento, se quiserem criar filhos plenos. É preciso assumir com coragem a imperfeição humana, mesmo quando caírem nas armadilhas do grito, do castigo, das chantagens ou barganha. Segundo a autora, é nesse momento que os pais devem exercitar as virtudes que dão sentido à vida, que é a compaixão e o vínculo.

Esse exercício cotidiano, entre erros e acertos, exercita sua autoaceitação, levando-os ao autoperdão e a autocompaixão. Nesse contexto, *aqueles que não amam a si mesmos aprenderam a se culpar por quase tudo o que fazem de errado e a duvidar do próprio esforço quando fazem as coisas direito, como se tivessem os fios trocados* (RISO, 2012, p. 14).

Ninguém precisa ser superpai e supermãe, assim como um passageiro não precisa sentar no primeiro banco do ônibus, para desfrutar das paisagens enquanto faz sua viagem. Os pais podem desfrutar dessa maternidade e paternidade e aproveitar cada momento com seus filhos, de forma leve e simples. Vibrar com cada aprendizado e crescimento. O fato é, estar presente no aqui e agora e aproveitar cada minuto de sua companhia, assumir tal responsabilidade, já demonstra naturalmente um ato heroico.

Para isso, vejo o amor como base de qualquer relacionamento, primeiro consigo próprio, e depois com os demais. É ele que nutre que dá força para superar os obstáculos. Ainda assim, há pais que pensam que dar amor incondicional ao filho significa perda de autoridade e acabam interpretando que o amor pode deixar o filho mimado, manhoso e sem repertórios (TIBA, 2014). Oposto a esse pensamento, entendo que o amor é um guia o qual nos alerta e redireciona, a cada desafio do nosso empreendimento. *Só amor não basta, mas sem amor não funciona* (WEBER, 2012, p. 14)

Kristin Neff (2017) reitera que a partir do amor-próprio se constrói a autoestima, é ela quem vai definir o quanto a pessoa será capaz de passar pelas frustrações e decepções. Com a falta dela, o indivíduo cai no abismo. Portanto os pais e cuidadores são responsáveis por transmitir aos filhos esse combustível, por meio do amor incondicional à criança. E ele vai além de manifestações de carinho e afeto, é uma habilidade dos pais em expressar ao filho seu amor, independentemente do seu comportamento. Outros autores corroboram afirmando "O amor incondicional é uma luz orientadora que ilumina a escuridão e permite que nós, pais, saibamos onde estamos e o que necessitamos fazer para educar nosso filho[...] " (CHAPMAN; CAMPBELL, 2017, p. 19).

É importante salientar que isso não significa deixá-lo fazer o que quiser, sendo permissivo; pelo contrário, os pais devem ser exemplos de firmeza, gentileza, dedicação, respeito e aceitação.

Em contrapartida, uma educação baseada no amor condicional aumenta o número de crianças com sentimento de menos valia, rebeldia, revolta, submissas, culpadas e envergonhadas e, consequentemente, adultos com dificuldades em se relacionar consigo e com os outros.

Ao praticar autoamor, os pais tendem a interpretar os desafios da criação como fase natural do aprendizado. O foco está nas resoluções de problemas, são mais otimistas, se conectam com facilidade com os filhos e buscam atender a necessidade de ambos. Na sua ausência, a conexão entre eles é afetada, trazendo notórios prejuízos na relação parental.

Ao construir essa relação com alicerce no amor, ambos criam uma relação harmoniosa, prazerosa, e os desafios convergem para o aprendizado. De tal modo, prepara o filho para uma vida autônoma, confiante e plena.

Neste estilo de educação, os pais assumem o papel de líderes de seus filhos e buscam estratégias que são utilizadas em quaisquer circunstâncias. Por isso, a importância de pais e cuidadores estudarem cada vez mais, para serem bons tutores dos filhos. Além de saber usá-la, é preciso transmiti-la com paixão, empatia e emoção.

Qualquer que seja sua motivação para desenvolver um empreendimento, você precisa estar mobilizado por um propósito, identificar onde está e qual objetivo quer alcançar. E criar filhos não é diferente, precisa atentar ao que comove e em que faz sentido dentro da sua missão e propósito. É importante demonstrar interesse e disposição, pois nem sempre será tão fácil decifrar as necessidades dos pequenos. Para o sucesso, alguns ingredientes são necessários, e nessa mistura, entre autoamor, assim como o autoconhecimento, eles são cruciais ou talvez os mais importantes.

Nesta jornada, os pais precisam manter acesa a chama do interesse, da curiosidade, do respeito e da reciprocidade da presença afetiva e física, ou seja, se conectar. Segundo Renato Nogueira, os passos para essa conexão com os filhos são: "Primeiro, tenha respeito pelo outro e mantenha-se aberto. Depois, esteja disponível, compartilhe tempo e espaço – converse e esteja junto" (NOGUEIRA, 2020, p. 40).

Isso significa que educar dá trabalho, demanda tempo, organização, entre outras habilidades aqui já citadas, mas, ao permitir o plantio, com certeza florescerá e dará bons frutos.

Para isso, pais e cuidadores são convidados a experimentar e viver sua própria transformação e, por meio dela, construir sua singular identidade parental encorajadora e responsável. Assim como no mito da vitória-régia, que significa o símbolo da metamorfose e da transformação, que ocorre por meio do amor.

Referências

BROWN, B. *A coragem de ser imperfeito*. Tradução: Joel Macedo. Rio de Janeiro: Sextante, 2016.

CHAPMAN, G. *As cinco linguagens do amor: como expressar um compromisso de amor a seu filho*. Tradução: Maria Emília de Oliveira. São Paulo: Mundo Cristão, 2017.

GOLEMAN, D. *Foco: a atenção e seu papel fundamental para o sucesso*. Tradução: Cássia Zanon. Rio de Janeiro: Objetiva, 2014.

MARANO, A. *Se ame para depois amar: dez passos para cultivar o seu amor-próprio*. Porto Alegre: SEC e Secco Editora, 2021. WEBER, L. *Eduque com carinho*. 4. ed. Curitiba: Juruá, 2012.

NEFF, K. *Autocompaixão: pare de se torturar e deixe a insegurança para trás*. Tradução: Beatriz Marcante Flores. Teresópolis: Lúcida Letra, 2017.

NELSEN, J. *Disciplina Positiva*. Tradução: Bernadette Pereira Rodrigues e Samantha Schereier. 3. ed. Barueri. Manole, 2015.

NELSEN, J.; BILL, K.; MARCHESE, J. *Disciplina Positiva para pais ocupados: como equilibrar vida profissional e criação de filhos*. Tradução: Adriana Silva Fernandes e Fabiana Nogueira Neves. Barueri: Manole, 2020.

NOGUEIRA, R. *Por que amamos: o que o mito e a filosofia têm a nos dizer sobre o amor*. Rio de Janeiro: HaperCollins Brasil, 2020.

RISO, W. *Apaixone-se por você mesmo: o valor imprescindível da autonomia*. Tradução: Sandra Martha Dolinsky. São Paulo: Planeta, 2012.

SIEGEL, D.; HARTZELL, M. *Parentalidade consciente: como o autoconhecimento nos ajuda a criar nossos filhos*. Tradução: Thais Costa. São Paulo: nVersos, 2020.

TIBA, I. *Educação familiar: presente e futuro*. São Paulo: Integrare, 2014.

14

RELACIONAMENTO CONJUGAL
O REENCONTRO DA INTIMIDADE E SEXUALIDADE APÓS O NASCIMENTO DOS FILHOS

O capítulo tem como objetivo compreender, na atualidade, o impacto do nascimento dos filhos na vida conjugal. A partir da desconstrução de crenças do universo parental e conjugal, é possível entender o que atrapalha e o que contribui para o casal cultivar a intimidade, a sexualidade e o autocuidado.

ITIENE SOARES PEREIRA

Itiene Soares Pereira

Psicóloga (CRP 12/15356), graduada em 2006, com experiência em clínica, organizacional, docência e supervisão de estágio nas áreas Clínica e Organizacional. Mestre em Educação, educadora parental em Disciplina Positiva, certificada pela Positive Discipline Association; especialista em Terapia Cognitivo Comportamental; especialista em Recursos Humanos e Psicologia. Pós-graduanda em Psicologia Perinatal e da Parentalidade e em Psicologia na Reprodução Humana. Atua como psicóloga clínica, terapeuta de casal sexual e educadora parental. Realiza atendimentos presenciais e on-line, individual, casal e para grupos de pais, grupo de mulheres, palestras e *workshops* de Disciplina Positiva. Idealizadora do programa *Coragem de ser eu*, cujo objetivo é promover autoconhecimento, resgatar a autoestima e desenvolver inteligência emocional de mulheres, para que possam ser sua melhor versão.

Contatos
www.itienesoares.com.br
contatoitienesoares@gmail.com
Instagram: @itienesoarespsicologa
YouTube: Itiene Soares – Tenha Coragem
48 99855 0271

> *Quando as pessoas se fundem, quando dois viram um, a ligação é impossível. Não há ninguém com quem estabelecê-la. Assim, o distanciamento é uma precondição da ligação: este é o paradoxo essencial da intimidade e do sexo.*
> (PEREL, 2007, p. 53)

O nascimento de um filho é uma jornada com muitos desafios, sendo possível sentir-se feliz e até arrependido ao pensar que não vai dar conta dessa missão! Nelsen (2020), ao analisar as transformações da dinâmica familiar, afirma que ela foi alterada com a inserção da mulher no mercado de trabalho. Por esta razão, a maioria dos casais precisa conciliar suas obrigações profissionais, criar os filhos e, muitas vezes, em nome da perfeição, sacrificar seu próprio bem-estar.

Entre os principais fatores relacionados à criação dos filhos, a autora destaca: a falta de tempo para conciliar as demandas e obrigações, a competitividade que pressiona para sermos quase perfeitos, além dos conselhos (às vezes conflitantes) acerca da criação dos filhos.

A "dupla jornada" na vida de muitas mulheres torna ainda mais conflitivo esse momento, principalmente quando há pouca cooperação e solidariedade na relação conjugal. A sobrecarga, a culpa quando faz algo por si mesmo ou quando algo de ruim acontece com o filho, que é reforçada socialmente, torna ainda mais desafiadora a união de duas pessoas que precisam combinar suas diferenças e semelhanças para acolher o filho (MALDONADO, 2010).

Ao mesmo tempo que os compromissos afetivos de longo prazo proporcionam ingredientes para nutrir o amor, podem sufocar outra necessidade: o desejo, causando sofrimento (PEREL, 2007).

Dentre as causas que afetam o relacionamento conjugal estão: luto, infertilidade, mágoas e experiências da família de origem (qualidade da relação conjugal, cultura, religiosidade, crenças). Quando essas causas se sobrepõem à relação do casal, o distanciamento tende a ser inevitável.

Além disso, a influência da mídia em nossa cultura, que alimenta a idealização de cenários sexuais espontâneos, não verbais e intensos, confundem "o espetáculo" com os bastidores, o que é uma armadilha, pois expectativas irrealistas além de não contribuírem, tornam mais frustrante o presente.

Numa relação, cada um chega com uma "bagagem" (valores, culturas, crenças, sentimentos, objetivos) e expectativas. Novos "passageiros" (os filhos) requerem ajustes e fazem vir à tona muitas das "bagagens" da nossa família de origem. É necessário desfazer-se de algumas dessas "bagagens". Caso contrário, como em um avião, pode ser necessário um pouso de emergência para tentar sanar os danos, que em determinadas circunstâncias poderiam ser evitados se ele não estivesse com excesso de bagagem.

A vivência da parentalidade será percebida de formas diferentes. Alguns terão facilidade de lidar com as mudanças e demandas, enquanto outros podem ter dificuldade de equilibrar suas necessidades, do casal e dos filhos.

Há casos em que o filho pode assumir o *status* de "indiferente", enquanto que para outros, o *status* de "rei/rainha" prevalece. O "modo pai" e/ou o "modo mãe" ativado, tão necessário à sobrevivência da criança nos anos iniciais de vida, pode não ser desativado em determinadas circunstâncias, impactando a relação do casal. Tais situações requerem ação para reestabelecer o equilíbrio a fim de minimizar os danos.

Por falar em dano, o que custa mais caro: a manutenção corretiva ou preventiva? As manutenções preventivas geram economia também nos relacionamentos. Muitas vezes, na ilusão de que evitar o conflito é uma boa estratégia, preferimos não fazer esses "reparos" na relação e ignorar os sinais de alerta. Quando isso acontece alguns danos podem ser irreparáveis, e a manutenção corretiva fica inviável, a ponto de não valer a pena permanecer na relação.

Por essa razão, quanto mais clareza você tiver do porquê estaria disposto(a) a ampliar sua consciência do que tem na "bagagem" de cada um, mais chance de alinhar expectativas, necessidades e gerenciar os conflitos que comprometem a intimidade, a sexualidade do casal e o bem-estar da família.

Fortalecendo esta visão, Nelsen (2020) esclarece que no início do relacionamento amoroso é comum nos sentirmos amados e admirados. Alguns comportamentos confirmam a crença de aceitação e pertencimento: carinho, sexo frequente, gestos românticos, datas especiais, diversão e elogios. Depois de algum tempo, geralmente, é necessário aprender formas produtivas de lidar com as mudanças e construir bases sólidas para nutrir a relação.

Segundo Nelsen (2020), é comum na terapia de casal verificar que antes de ter filhos, o casal se divertia juntos e aproveitava a companhia um do outro. É uma crença equivocada acreditar que renunciar a própria vida é algo digno e saudável, pois a mensagem que está sendo transmitida pelo exemplo aos filhos, e de forma equivocada, é a de que o compromisso com a parentalidade significa deixar de lado a diversão e o autocuidado.

Na verdade, esclarece a autora, estar infeliz no relacionamento é o que dificulta ser um exemplo positivo para seu filho. As brigas entre o casal colaboram para aumentar os comportamentos inadequados em crianças. Crianças zangadas e desafiadoras, ao observarem o relacionamento dos pais, acabam reproduzindo o comportamento observado. Além disso, mesmo quando o adulto tenta esconder a raiva, a criança pode sentir sua energia. As crianças que residem em lares onde os pais estão infelizes e tensos, também tendem a intensificar maus comportamentos, mesmo de forma subconsciente, a fim de aproximar os pais ou, em casos mais extremos, de separá-los (NELSEN, 2020).

Eis o desafio: trazer de volta o desejo. Se você retira constantemente dinheiro de uma conta bancária para pagar suas contas e não repõe, o que acontece?

É comum as pessoas entenderem a necessidade de investimento em finanças e carreira. Por que quando se trata do relacionamento conjugal, acredita-se que este pode ficar bem sem que se faça investimento ou esforço?

Às vezes, a vida do casal gira em torno do filho, que tende a ocupar não somente o quarto do casal, como também todos os programas da família. Só se sentem bem quando estão com outras pessoas. É comum achar que não precisam tirar um tempo para o relacionamento e que está tudo bem entre eles.

Perel (2007) identificou em suas pesquisas que o desejo faz parte e é um dos dilemas do amor eterno, e que o nascimento dos filhos pode comprometê-lo. Estabelecer uma relação de compromisso requer reconciliar duas necessidades conflituosas: a de segurança e de surpresa, e isso significa desenvolver a inteligência erótica.

Além disso, a autora revela que o desejo sexual não é algo inato, espontâneo, natural. Por essa razão, para viver uma sexualidade de forma saudável, ambos precisam estar dispostos a construir pontes na relação.

> *Então nada mais resta a transcender, não há ponte para se atravessar, ninguém para visitar do outro lado, nenhum outro mundo interno onde se entrar...*
> (PEREL, 2007, p. 53)

A parentalidade, embora proporcione intimidade, reduz a liberdade e a autonomia indispensáveis ao prazer sexual. A criatividade é o nutriente para cultivar o desejo e incorporar no cotidiano gestos que proporcionem ao outro o sentimento de que é desejado (PEREL, 2007).

De acordo com a autora, eliminar aquilo que nos diferencia do(a) parceiro(a) na tentativa de criar intimidade é uma armadilha, pois é isso que nos torna especial. Cultivar e tolerar nossa individualidade, e a insegurança que isso pode gerar, tende a ter efeitos melhores na relação, embora muitas pessoas busquem intimidade a qualquer preço.

Estar sempre à disposição do outro não desperta atração, aumenta o peso emocional e colabora para o afastamento sexual. Embora o amor possa se fazer presente, o desejo se torna algo mais difícil. Nesse sentido, é preciso encorajar-se para estabelecer uma certa independência e não viver em torno do outro (PEREL, 2007).

Dentre os principais componentes do desejo sexual encontra-se a antecipação positiva. Achar-se merecedor(a) de sentir prazer, demonstrar abertura para o toque, a presença de fantasias românticas e eróticas, o desejo pelo orgasmo, a reatividade ao desejo do(a) parceiro(a) e a disponibilidade para sair da rotina aquecem a relação (PEREL, 2007).

Além disso, é preciso compreender que sexo com compromisso é sexo premeditado, é intencional, é concentração e presença. Não espere a vontade chegar ou o momento que der para investir na relação. Reserve tempo para isso. Programe-se! Abrir mão do mito da espontaneidade é comprometer-se com a vida que você quer viver. Caso tenham dificuldades em retomar a vida conjugal ou sexual, busquem ajuda profissional. Mostrem com suas ações que realmente vocês se importam!

Ferramentas da Disciplina Positiva

A Disciplina Positiva é uma abordagem socioemocional cujo objetivo é elevar o sentimento de importância, aceitação e pertencimento. O antídoto para o mau comportamento nos relacionamentos é o encorajamento, já que o desencorajamento está na raiz da causa da dor e da raiva. Nelsen (2020) propõe algumas dicas para um relacionamento saudável:

Passe um tempo especial como casal: Deixar o relacionamento em segundo plano é um erro. Seus filhos aprendem sobre relacionamentos observando como vocês se relacionam e se beneficiam quando presenciam uma parceria feliz e amorosa. Isso contribui para que se sintam seguros, além de ensiná-los que ter compromisso apaixonado e sincero é bom e não termina quando as crianças chegam. O tempo especial deve ser uma prioridade sobre os demais compromissos.

Entre no mundo do seu parceiro: Se você ou seu parceiro não se sentem aceitos ou amados, fazer perguntas "o que" e "como" aumenta sua compreensão do que seu parceiro precisa. Preste atenção aos pensamentos, sentimentos e necessidades que estão sendo comunicados. Há quatro barreiras que impedem a escuta ativa: defender, explicar, culpar e consertar. Quando você sabe escutar, está comunicando o quanto a pessoa é importante para você.

Expresse aceitação/pertencimento por meio de afeto e sexo: O afeto e o sexo quando expressados por meio de comportamentos amorosos fortalecem o relacionamento em um ciclo positivo de outros comportamentos. Algumas pessoas preferem contato físico, outras gostam de ouvir palavras amorosas, ou de ter um tempo especial juntos. Pergunte, compreenda e fale a linguagem do amor do(a) seu(sua) parceiro(a), isso pode despertar prazer.

Elogie e mostre apreciação: Crie o hábito de reconhecer e apreciar as pequenas coisas. "Obrigada(o) por trabalhar para nos proporcionar conforto" ou "Obrigada(o) por cuidar da nossa casa tão bem" contribui para que o outro sinta-se amado e apreciado.

Aceitação incondicional ao seu parceiro: É mais saudável quando ambos mantêm sua individualidade e personalidade. Saber o que cada um gosta e detesta permite equilibrar o tempo juntos. As mesmas diferenças que atraíram vocês podem, em alguns momentos, incomodar. Nesses conflitos, reveja os pontos fortes das diferenças do(a) seu(sua) parceiro(a).

Compartilhe suas expectativas: Prefira compartilhar o que você quer e o porquê isto é tão importante para você. Pergunte se ele(a) está disposto(a) a atender ao seu pedido simplesmente porque isso é importante para você. Confirme se ele(a) aceita ser relembrado(a), caso seja necessário. Se ficar acordado que você pode relembrá-lo(a), lembre-se de informar sem ressentimento, e com amor por si e pelo outro. Ao receber aquilo que desejou, expresse gratidão.

Considerações finais

O relacionamento conjugal precisa ser cultivado todos os dias para florescer. A intimidade e a sexualidade, apesar de serem coisas distintas, podem ser boas parceiras numa relação, embora não seja uma obrigatoriedade.

Abrir mão da perfeição e concentrar-se em fazer o melhor possível, além de organizar a rotina da família para que ambos tenham espaço para cultivar sua individualidade, intimidade e o erotismo, é um caminho possível para a conexão. Se precisarem de ajuda profissional, peçam.

Convido você a refletir sobre as questões propostas. Anote como sua atitude pode melhorar ou prejudicar seu relacionamento. Pratique as dicas e lembre-se: embora a jornada parental seja desafiadora, investir no autocuidado e no relacionamento conjugal é fundamental para manter o equilíbrio e inspirar os filhos, por meio do exemplo, a viverem uma vida que vale a pena viver.

Referências

LOTT, L. *Conhecer-se é amar a si próprio: exercícios para desenvolver autoconsciência e para realizar mudanças positivas e encorajadoras*. Barueri. Manole, 2019.

MALDONADO, M. T.; DICKSTIN, J. *Nós estamos grávidos*. São Paulo: Integrare Editora, 2010.

NELSEN, J. *Disciplina Positiva para pais ocupados: como equilibrar vida profissional e criação de filhos*. Barueri: Manole, 2020.

NELSEN, J. *Disciplina Positiva para casais: como cultivar um relacionamento feliz*. Barueri: Manole, 2018.

PEREL, E. *Sexo no cativeiro*. Rio de Janeiro: Objetiva, 2007.

15

TORNAR-SE ADOLESCENTE

Compreender os fenômenos da adolescência e como ela se dá é crucial para que pais e mães possam acolher, legitimar, auxiliar e orientar os filhos de forma a ensinar-lhes habilidades de vida fundamentais para seu crescimento e desenvolvimento. Compreendendo que o julgamento, o apontamento, a punição desmedida e a falta de diálogo e escuta podem ser atitudes limitadoras para o vínculo, a confiança e o desenvolvimento saudável.

IZABEL ANDRADE

Izabel Andrade

Psicóloga inscrita no CRP 23/1005, formada há mais de 10 anos, pós-graduada em Gestão de Pessoas, com anos de experiência na área organizacional e facilitadora do programa *Encorajando Pais*. Atuante nas áreas escolar e clínica, tendo como foco a orientação de pais, inclusive com o desenvolvimento do programa *Encorajando Pais*, palestras, *workshops*, treinamentos tanto para pais como para educadores e idealizadora do Integrar pais e filhos. Coautora do *e-book Encorajando Pais – ferramentas da disciplina positiva para educar os filhos.*

Contatos
izabelcacandido@gmail.com
Instagram: @izabelcac
63 99258 5192

A vida é repleta de inúmeros acontecimentos. Fases que findam com o início de outra, ciclos que se fecham, dando a oportunidade que outros se abram e, claro, cada uma das vivências que a vida proporciona tem os seus desafios e riscos. Viver a adolescência, enquanto pais, é ter a certeza de que aquele ser, outrora criança, agora se desdobra em uma força de desenvolvimento, capaz de avistar além do que a infância o limitava. Como relata Alexandra Silveira (2018) "a adolescência parece inaugurar a possibilidade de fazer escolhas mais próprias, definir e construir projetos de modo mais autônomo", o adolescente entende que pode mais, que o mundo não se restringe aos muros de sua casa, mas que existe um universo de possibilidades à sua espera em um lugar pronto para ser explorado.

A adolescência é o início de uma caminhada pela própria identidade, a busca por si mesmo, uma identidade que por ora parece confusa e distante, devido ao processo de desenvolvimento, mas que, com o tempo, se torna mais próxima e tangível. Isso será ainda mais assertivo se os pais estiverem dispostos a dar contorno, sentido e apoio a toda essa transformação.

> *A palavra "adolescente" vem do particípio presente do verbo latim adolecere, que significa "crescer". Crescer torna-se perceptível por meio de mudanças corporais "repentinas" iniciadas com a puberdade, que provocam questionamentos psicológicos, gerando uma crise de adaptação.*
> (MIRABELLA, 2013)

Jane Nelsen e Lynn Lott (2019) compartilham da ideia de que os pais são construtores de pontes na relação com os filhos. Eles preparam o ambiente, protegem sua casa, cuidam de seus filhos indefesos e pequenos, proporcionando segurança e zelo, porém, à medida que eles crescem e se tornam mais velhos, é necessário ampliar as extremidades dessa ponte para que eles tenham mais espaço e liberdade para se movimentarem, sobretudo com segurança.

Todo esse processo de transformação, crescimento e evolução pode ser assustador para os pais, pois exige a necessidade de desapegar do filho criança, indefeso e dependente. Os pais precisam acolher e aceitar os filhos no momento em que buscam seu espaço, suas próprias vivências e experiências, inclusive com o distanciamento dos pais e o agrupamento com seus pares. Diante de tantas reconfigurações, Daniel Siegel (2016) instiga uma mudança de atitude ao enxergar a adolescência com algo a ser tolerado. Isso é bastante limitador, principalmente quando se entende a adolescência como uma das fases mais importantes e significativas para a formação de um ser humano. Não é necessário e nem justo apenas sobreviver à adolescência, é importante enxergar formas de prosperar durante esse importante período da vida.

Diante de tantas perspectivas, pais e mães precisam buscar estratégias efetivas para lidar com tantas transformações, entendendo que a forma como irão encarar cada desafio contribuirá positivamente ou não no processo. Quando Daniel Siegel (2016) aponta que "o que os outros acreditam sobre nós pode moldar a maneira como nos enxergamos e como nos comportamos", compreende-se quão delicado é não entender as inúmeras transformações próprias da adolescência e o quanto elas contribuirão para a formação saudável ou não dos filhos.

A sociedade tende a reduzir o surgimento da adolescência a características generalizadas, entendendo que todo adolescente alcançará e viverá esses aspectos, discriminados como "próprios" da adolescência. O adolescente é determinado por seu corpo, mas também por sua cultura, etnia, classe social, família, enfim, ele é singular, individual, viverá suas experiências e todos os aspectos envolvidos de forma única; não dá para olhar as fases da vida de maneira reducionista e determinista, tudo é fluido, contato, vínculo e experiência provinda do campo, inclusive a adolescência.

Cronologicamente, a adolescência se dá dos 12 até, aproximadamente, os 24 anos, tendo em vista, especialmente, o desenvolvimento cerebral, embora órgãos e instituições divirjam um pouco sobre essa informação. Daniel Siegel (2016) apresenta alguns conceitos que oferecem a possibilidade de entender o quanto essa fase é acumulada de mitos e inverdades. Ele traz três mitos importantes de serem desmistificados:

1. Que os jovens fazem o que fazem por conta, essencialmente, dos hormônios que estão, também, em transformação nesta fase. Os hormônios estão, sim, crescentes na adolescência, mas não é o que determina o que acontece na fase.

2. A adolescência é época de imaturidade e só precisa ser superada e, consequentemente, esperar o adolescente crescer. Essa visão limitada pode fazer com que pais e mães não percebam as inúmeras possibilidades que surgem diante das situações para ensinar aos filhos habilidade importantes, ensinamentos e orientações que nortearão suas ações e escolhas no futuro.

3. O adolescente passa de uma dependência para uma independência total dos adultos. A necessidade de ir para o mundo, de descobrir, de buscar por novidades, de estar com seus pares, de ter suas próprias opiniões e ideias, não faz com que os adolescentes não precisem mais do adulto. Os vínculos se alteram e modificam, mas a necessidade de ser e pertencer a uma família e ser contornado por um adulto, não.

Os mitos e tantas outras crenças e rótulos que perturbam a adolescência demonstram como, na verdade, não é nada fácil para o adolescente estar na adolescência e de como tudo isso só prejudica o processo de identificação e de aceitação dele mesmo com as transformações que surgem. Transformações essas que eles não pediram para passar, mas que simplesmente os atravessam sendo algo do próprio crescimento.

A adolescência não é um período para ser "louco" ou "imaturo". É uma época de intensidade emocional, social e criatividade. Essa é a essência de como deveríamos ser, do que somos capazes de ser e do que precisamos ser como indivíduos e como família humana.
(SIEGEL, 2016)

Jane Nelsen e Lynn Lott (2019) trazem indagações importantes envolvendo a paternidade e a maternidade. Elas dizem: "seu trabalho é preparar seus filhos para a vida" e ainda acrescentam: "quem seus filhos adolescentes são hoje não é quem serão para sempre". É exatamente por isso que não se pode, simplesmente, sobreviver à adolescência; pai e mãe estão formando um cidadão para o mundo e, sendo a adolescência uma fase de tantas descobertas, aprendizados e transformações, por que não utilizar das próprias vivências do dia a dia para ensinar, se fazer presença, orientar, apoiar, dar contorno?

O tornar-se adolescente é inebriado de sinais, características e aspectos que apontam o despertar singular e individual de cada ser que é atravessado pela fase.

Segundo Jane Nelsen e Lynn Lott (2019), descobrir seu filho adolescente é também entender esses sinais, buscar preparo, informação e conhecimento para que esse adolescente não se sinta desamparado diante de tantas mudanças. Dentre tantas alterações, é perceptível:

- A **individuação** parte da necessidade de o adolescente descobrir quem ele é, então ele vai em busca disso, afastando-se de sua família e encontrando sentido em outros grupos, lugares e pessoas. Isso pode ser percebido como rebeldia, mas na verdade, "os adolescentes querem explorar como são diferentes de suas famílias, como se sentem e o que pensam sobre as coisas e quais são seus próprios valores". (NELSEN; LOTT, 2019)
- A **grande transformação física e emocional** que acontece pode assustar não só os pais, como os próprios adolescentes. Querendo eles ou não, as transformações corporais, na sexualidade e, consequentemente no emocional, vão acontecer e são próprias do desenvolvimento. Isso pode provocar mudanças no humor, ora muito gentil e alegre, ora irritado e choroso. Tudo isso pode levá-lo a ter vergonha de si mesmo, pois até que todas essas mudanças se encaixem e façam sentido, ele pode se sentir desajeitado, feio e esquisito, além de que "eles regem aos outros, identificam seus próprios sentimentos e tomam decisões com seu 'instinto'". Logo, eles precisam de ajuda para realmente decifrar, nomear e entender os sentimentos que surgem. Todas essas mudanças acontecem também por alterações naturais e saudáveis do cérebro.

Durante os anos da adolescência, a mente altera a forma como lembramos, pensamos, racionalizamos, nos concentramos, tomamos decisões e nos relacionamos com os outros. Por volta dos 12 até os 24 anos, há uma explosão no crescimento e na maturidade.
(SIEGEL, 2016)

É notório que a adolescência e suas reações, emoções e aspectos não são obra do acaso, mas acontece por conta do próprio desenvolvimento saudável do indivíduo. Siegel (2016) diz: "[...]quando chegamos à adolescência a vida está em plena ebulição. E essas mudanças não são algo a se evitar ou superar, mas a se encorajar".

- **Os relacionamentos com os pares** se tornam mais importantes que com seus familiares e isso pode gerar um descontentamento muito grande nos pais. É importante para o adolescente ser aceito e quisto na turma, essa passa a ser sua grande preocupação – pertencer, nesta fase, não mais só a família, como também ao grupo que ele escolheu fazer parte. (NELSEN; LOTT, 2019)
- Eles estão em **busca de autonomia**, e com isso também querem testar seu poder pessoal, como nos mostra Nelsen e Lott (2019): "Os adolescentes têm um forte desejo de descobrir do que são capazes – eles precisam testar seu poder e importância no mundo". Dentro desse contexto, o respeito e o apoio nesta exploração podem ser bons aliados dos pais para dar contorno e ensinar habilidades importantes de vida, aproveitando as oportunidades. As autoras ainda concluem: "Quanto mais seguros se sentem em casa, menos traumático é seu processo de individuação". (NELSEN; LOTT, 2019)
- Eles **precisam/exigem privacidade** e isso pode ser interpretado pelos pais como fuga, distanciamento, vergonha da família e pode gerar alguns riscos, como: se envolver em atividades sem a aprovação dos pais, decidindo por si mesmo, muitas vezes até para não decepcionar esses pais com seu comportamento ou até mesmo mentir. Nelsen e Lott (2019) pontuam que "eles querem ser capazes de fazer o que querem fazer sem ferir seus sentimentos, outras vezes, mentem para se proteger – de suas duras opiniões e, possivelmente, de duras ações".

A melhor prevenção para um possível desastre é construir relações baseadas na gentileza e firmeza com seus adolescentes – deixe que eles saibam que são incondicionalmente importantes para você. Mantenha os olhos abertos e esteja pronto para ajudar quando o adolescente precisar de sua sabedoria e ajuda adultas para descobrir o que é importante para ele ou ela.
(NELSEN; LOTT, 2019)

- O **comportamento de "rebeldia"** do adolescente é temporário; atiçar isso pode ser muito prejudicial para a relação e, consequentemente, para os aprendizados que estão fornecidos no contexto de crescimento. Nelsen e Lott (2019) relatam sobre a necessidade de não problematizar os comportamentos que você não concorda e não aceita em seu filho, pois isso pode contribuir com que eles se estendam até a vida adulta. É necessário entender que isso faz parte do processo fluido de crescimento.

Quando você percebe que as coisas que seus filhos adolescentes fazem e dizem são declarações sobre eles e não sobre você, você pode parar de se culpar pelo comportamento deles e de levar tudo para o lado pessoal. Seus filhos são pessoas separadas de você, e cabe a eles se responsabilizarem e aprenderem com os erros que cometem e com os sucessos que obtém.
(NELSEN; LOTT, 2019)

A adolescência é um lindo caminho de transformação e evolução, mas, como em toda caminhada, também tem seus obstáculos e desafios. Quando vocês, pai e mãe, entenderem que a adolescência é uma fase importante da vida, pela qual vocês também passaram e tiveram seus comportamentos e aspectos únicos, terão a oportunidade de enxergar a adolescência do seu filho como algo natural. Vocês passaram por suas experiências, tendo sido elas boas ou ruins, e agora seu filho está tendo a oportunidade de vivenciar as dele. Não adianta querer blindá-lo, escondê-lo e protegê-lo disso, pois isso é a VIDA.

Referências

BRANDÃO, C. L. *Gestalt – terapia infantojuvenil: práticas clínicas contemporâneas*. Curitiba: Juruá, 2018.

NELSEN, J. LOTT, L. *Disciplina Positiva para adolescentes: uma abordagem gentil e firme na educação dos filhos*. Barueri: Manole, 2019.

SIEGEL, D. J. *Cérebro do adolescente: o grande potencial, a coragem e a criatividade da mente dos 12 aos 24 anos*. São Paulo: nVersos, 2016.

ZANELLA, R. *A clínica gestáltica com adolescentes: caminhos clínicos e institucionais*. São Paulo: Summus, 2013.

16

UM OLHAR PARA ALÉM DO DIAGNÓSTICO
CONSTRUINDO UMA PARENTALIDADE ENCORAJADORA

Neste capítulo, os pais encontrarão, por meio de uma educação respeitosa, maneiras de agir com o coração, nos cuidados com as crianças de comportamentos difíceis, decorrentes de algum diagnóstico. Uma melhor conexão cria um vínculo de confiança mútua que ajuda a enxergar além do comportamento.

JACQUELINI RICARTES COSTA

Jacquelini Ricartes Costa

Psicóloga (CRP14/0684-8) com pós-graduação em Psicopedagogia Clínica/Escolar, Terapia Cognitivo-comportamental e formação em Terapia de Esquema. Estudiosa da Psicologia Positiva e da Disciplina Positiva. Atuou na educação especial, com avaliação e atendimentos, orientação de pais/educadores, palestras, grupos de estudo. Realiza psicoterapia on-line e presencial para crianças, adolescentes e adultos (atendimento também em Libras). Trabalha com grupos por meio de Oficinas das Emoções. Facilitadora credenciada nos programas *Educação Emocional Positiva, Ciranda, Encorajando Pais*. Possui treinamento e formação pessoal na Abordagem Sistêmica-fenomenológica, segundo Bert Hellinger. Coautora no *e-book Encorajando Pais: práticas para o atendimento parental* – volume 1. Coautora do livro *Educação Emocional Positiva: o olhar de quem faz*.

Contatos
jacquelini@uol.com.br
Instagram: @jacqueliniricartes
67 99902 8364

Se podes olhar, vê. Se podes ver, repara.
JOSÉ SARAMAGO

Quantas e quantas vezes ouvimos essas frases, sobre nossas crianças, dentro ou fora da escola: "Mas ele deve ser TDAH", "É porque ele é Down", "Chegou mais um aluno F.70", "Mas ela não fala e não escuta, como vou fazer?", "Acho que ela não enxerga nada", "Aquele ali é laudado", "Esse é agitado demais", "Ele vive no mundo da lua", "Ela é cheia de manias, esquisita", "Ah, ele não deve estar tomando o medicamento", "Não adianta, ela não vai aprender nada mesmo"... e por aí vai.

Temos aí crianças condenadas ao fracasso, que serão incapazes e ainda "darão muito trabalho". Dessa forma, estigmatizadas, até mesmo pelo seu diagnóstico, podem reagir como delas se esperam. Neste palco, repleto de preconceitos, encontram-se pais desacreditados, desencorajados, que não confiam no potencial do filho, não tendo expectativas boas quanto ao seu futuro enquanto adultos.

Acabam esquecendo que são Thiago, Artur, Rafael, Mariana, Júlia, Estevão, Vitor, Manoela, Pedro... Ou seja, parece que as crianças que apresentam alguma dificuldade, seja na aprendizagem ou no comportamento, perderam suas identidades, e só permaneceram os rótulos. Mas são crianças, têm um lindo nome, e junto com elas carregam sentimentos, expressões, vontades, capacidades e habilidades muitas vezes escondidas e, portanto, não incentivadas. E devemos enxergá-las muito além do diagnóstico.

Na minha trajetória profissional, enquanto psicóloga clínica e escolar, me deparei com esse cenário desencorajador, repleto de rotulação e medicalização. Não se trata de negar um diagnóstico, pois ele é importante para entender melhor as necessidades da criança, determinar para que tipo de serviço será encaminhada, decidir qual tratamento será utilizado. E cada caso tem suas causas (neurológicas, ambientais, emocionais) e avaliação específica, que não é o foco principal deste capítulo. O importante aqui é encorajar pais e educadores a se conectarem e estabelecerem vínculo com a criança, apesar dos diagnósticos difíceis.

Trabalhei muitos anos em uma escola especial para surdos e algumas pessoas, principalmente estagiários de psicologia, perguntavam por que a criança surda e/ou surdocega era agitada ou agressiva. Minha resposta sempre foi para desmitificar esse preconceito. Não, ela não é agressiva, ela tem uma comunicação que demonstra uma "entonação" postural mais forte e mais expressiva para se fazer "ouvida", para se sentir aceita, importante e capaz.

Muitos pais e educadores se veem despreparados para agir com esses comportamentos desafiadores e acabam usando estratégias ineficientes que não chegam a nenhum resultado, deixando-os exaustos e desistindo ou usando de punições e recompensas para lidarem com a situação. Como nos lembra Jane Nelsen: "Adultos podem começar criando um ambiente de aprendizagem positivo ao conquistar as crianças em vez de se impor a elas" (2016, p. 51).

Quando essas crianças percebem uma relação mais próxima com os pais, se sentindo aceitas como são e com carinho, apresentam elevada autoestima, criando um autoconceito positivo. Neste capítulo, trataremos sobre como restabelecer esse vínculo e conexão entre o adulto e a criança, e como criar uma comunicação mais assertiva e respeito mútuo.

Contribuições da Disciplina Positiva

A Disciplina Positiva é uma abordagem socioemocional, idealizada por Jane Nelsen, Lynn Lott e outros pesquisadores, baseada na filosofia e nos ensinamentos do psiquiatra Alfred Adler e aprimoradas pelo médico Rudolf Dreikurs. Oferece subsídios aos pais, para que desenvolvam nas crianças a autodisciplina, responsabilidades, habilidades, capacidades e atitudes positivas.

Pautada por ferramentas práticas, baseadas na neurociência, permite olhar de forma mais acolhedora e suave aquele comportamento que nos mobiliza, que não sabemos como agir, e qual a melhor forma de auxiliarmos a criança em suas necessidades desenvolvimentais, para que ela possa se sentir aceita e importante.

Um dos conceitos-chave dessa abordagem é firmeza e gentileza. Quando tratamos a criança com gentileza estamos demonstrando respeito por ela. Respeitar uma criança significa validar seus sentimentos. E, ao agirmos com firmeza, estamos mostrando respeito por nós mesmos.

Então, como agir no dia a dia em casa ou na escola? Ao nos depararmos com uma criança com comportamentos estereotipados ou agitada demais, ou ao contrário, apática ou triste, ela pode estar demonstrando, da forma que consegue e que aprendeu que dá resultados, que algo não está bem com ela. Pode estar manifestando uma reação fisiológica (fome, frio, calor, sede, dor...) ou emocional (tristeza, raiva, medo, alegria...), algum desconforto físico ou emocional que não consegue comunicar. Sua ação pode ser jogar ou quebrar objetos, machucar a si ou ao outro, gritar, chorar. Podem ser "comportamentos inocentes", ou seja, relacionados à deficiência da criança. Agem dessa forma para satisfazerem uma necessidade imediata.

Ao invés de buscar o que está errado, ou o que falta, é preciso aprender a olhar. Olhar o que a criança sabe, o que ela tem, o que ela pode, o que ela gosta e como podemos ajudá-la a melhorar aquele comportamento. E, com esse olhar empático e respeitoso, compreendendo o que a criança está sentindo, abraçá-la ou ficar perto até ela se acalmar. Se, ao contrário, o comportamento da criança for tão desafiador, é melhor evitar o conflito e se afastar por um tempo, desde que a criança esteja em um ambiente seguro, e ao voltar explicar que foi preciso se afastar e que agora que ela e você se acalmaram, podem conversar melhor. É importante validar e mediar seus sentimentos, saber esperar o momento de ambos se acalmarem.

A maneira como os pais respondem a um comportamento pode determinar se a criança está realmente agindo de forma "inocente" ou de acordo com uma crença equivocada, por exemplo, de que se é aceita e importante apenas quando está no controle e quando ninguém mais lhe diz o que fazer ou não fazer. Diferenciar esses dois tipos de comportamento é o grande desafio.

Quando percebe que está sendo tratada gentilmente passa a se sentir melhor consigo mesma. Se sente aceita e capaz.

Todo comportamento é a forma de a criança expressar o que está sentindo, e o que vemos desse comportamento indesejado é só a ponta do iceberg. E qual a forma que o adulto atende essa demanda toda? Como está emocionalmente nesse momento: recebe com raiva, fica frustrado, está muito ocupado para entender, se desespera, se sente inadequado, desafiado? É preciso uma pausa positiva do adulto para entender o que se passa consigo mesmo para poder enxergar a criança. Para não usar de estratégias como mimar demais (gentileza excessiva), não confiar, brigar, gritar, humilhar ou até mesmo fazer as coisas pela criança que ela poderia fazer por si mesma.

A criança com deficiência precisa, então, assegurar-se que é amada, por meio de uma conexão consciente, sendo validada nos seus sentimentos, deixando-a se sentir capaz. Um exemplo é quando precisa se esforçar para realizar alguma coisa, pois algumas dificuldades ajudam a criança a desenvolver seus "músculos de capacidade". Acreditar que é capaz de aprender (mesmo errando), de executar uma atividade, de até mesmo ajudar em pequenas tarefas em casa, de simplesmente se vestir sozinha, comer, mesmo em seu ritmo mais lento. Encorajar a criança sobre suas possibilidades e habilidades. Essa é a base para uma autoestima saudável.

Encorajar no lugar de elogiar. É se conectar primeiro com a criança e só então corrigir. Fazer comentários construtivos sobre seu comportamento responsável e expressar gratidão por suas ações. Evitar críticas. Isso irá motivá-la a agir melhor, se sentirá apoiada para desenvolver habilidades de vida. Jane Nelsen lembra: "Para que ela aja melhor, ela precisa se sentir melhor".

Encorajando os pais

Os pais de crianças com deficiência também se sentem sobrecarregados na criação de seus filhos – além do trabalho, do cuidado com outros filhos, da preocupação com o sustento familiar, com os diversos atendimentos que precisam levar seu filho, além da escola. Acabam esquecendo de si mesmos, e a ferramenta-chave da Disciplina Positiva já diz: ser gentil e firme. Precisam ser gentis e firmes consigo mesmos, lembrando que respeito mútuo é fundamental.

A disponibilidade dos pais/cuidadores em estabelecer uma relação próxima com a criança depende, basicamente, de seu estado físico e psicológico. , pois como está não ficou claro]

Por um lado, é necessária a disposição dos pais de exporem seus sentimentos e dúvidas; por outro, o surgimento de oportunidades de estarem próximos a pessoas para apoiá-los, podendo ser família, amigos e profissionais empenhados.

Contar com a rede de apoio na ajuda com sua criança também é muito importante, até para que você tenha um tempo de autocuidado. Nelsen (2019) indica um exercício simples: em uma folha de papel, desenhe um círculo pequeno no meio, escreva o nome da criança e, em volta, desenhe mais alguns círculos. Nos círculos, escreva os nomes das pessoas mais próximas da criança e que a conhecem muito bem. Ao realizar esse exercício, você estará desenvolvendo uma representação da rede de apoio da criança. Assim, terá uma conexão de suporte que também estará ajudando a criança a se tornar confiante e capaz. "É preciso uma rede de indivíduos gentis, cuidadosos e prestativos para impulsionar o contínuo movimento de uma criança com deficiência em direção a um futuro promissor" (p. 170). A partir desse suporte da rede de apoio mencionada, os pais podem e devem se dedicar ao autocuidado, ou seja, um tempo para olhar para si mesmos.

Alguns lembretes para começar:

1. Preste atenção na sua respiração. A respiração profunda ajuda a reduzir o hormônio do estresse.
2. Priorize momentos de lazer – brincar, dar boas risadas, interagir.
3. Conte até dez, lentamente.
4. Aprecie o belo, a natureza, ouça música.
5. Tenha um momento só seu, relaxe. Tome sol, cuide das plantas, faça exercícios.

São atividades tão simples, mas muitas vezes esquecidas, portanto, permita-se.

Fazendo isso, você aprenderá a se respeitar, a conhecer seus limites, ter o autocuidado tão necessário. Dessa forma, a comunicação com seu filho será mais respeitosa, amorosa e consciente.

Acreditamos em uma educação respeitosa com todas as crianças, e isso começa dentro de cada um de nós.

Referências

NELSEN, J. *Disciplina Positiva*. 3 ed. Barueri: Manole, 2016

NELSEN, J.; FOSTER, S.; RAPAEL, A. *Disciplina Positiva para crianças com deficiência: como criar e ensinar todas as crianças a se tornarem resilientes, responsáveis e respeitosas*. Barueri: Manole, 2019.

NELSEN, J.; LOTT, L.; GLENN, S. H. *Disciplina Positiva de A a Z: 1001 soluções para os desafios da parentalidade*. 3. ed. Barueri: Manole, 2020.

17

A ATENÇÃO DA CRIANÇA
RELAÇÕES ENTRE PAIS E FILHOS NO ATO DE ENSINAR NA PANDEMIA

O mecanismo da atenção ocorre durante o desenvolvimento humano. A pandemia covid-19 impede que a criança vivencie seus hábitos de vida, sendo envolvida em novas formas de aprender on-line. Pais assumem o papel do professor, esforçando-se para provocar interesse. Assim, novas habilidades e frustrações são adquiridas pela criança, podendo arremetê-la ao futuro com mais resiliência.

JULIA APARECIDA BIANCHI PERETTI

Julia Aparecida Bianchi Peretti

Psicóloga inscrita sob o CRP 06/5.840, graduada em 1978. Mestre em Educação pelo Centro Universitário Moura Lacerda. Especialista em Psicologia Clínica e Psicomotricidade concedido pelo Conselho Regional de Psicologia. Pós-graduada em Psicopedagogia Clínica pela Faculdade de Educação São Luís. Atuou como docente na Faculdade Santa Rita (Fasar), no programa de pós-graduação *latu sensu* em Psicopedagogia, nas disciplinas "Psicomotricidade" e "O lúdico no processo pedagógico". Facilitadora do programa *Encorajando Pais*. Educadora parental certificada pelo Positive Discipline Association (PDA/USA). Certificada pela contribuição no "First Iscar Congress", Sevilha 2005. Coautora do livro *Sujeito, escola e representações* (2006). Coautora do e-book *Encorajando pais: crianças de 0-6 anos* (2020). Atua como psicóloga. Realiza atendimentos presenciais e on-line para crianças, adolescentes, adultos e orientação parental em seu consultório, em Taquaritinga/SP.

Contatos
juliabianchi.bianchi@hotmail.com
Instagram: @psicologajuliabperetti
Facebook: psicologajuliabperett
16 3252 5674 (consultório)
16 99237 5804 (celular)

Os aspectos humanos são adquiridos a partir do desenvolvimento sociocultural. A formação das funções psicológicas superiores (atenção, percepção, memória) de cada indivíduo se dá por ele estar inserido na cultura e na sociedade. Compreende-se o desenvolvimento humano como resultado dos diferentes planos de interação social: a filogênese[1], a ontogênese[2], a sociogênese[3] e a microgênese; esta última seria a experiência vivida por cada indivíduo (SPAZZIANE, 2003).

O homem, ao nascer, apresenta mecanismos de atenção involuntários (ruídos exagerados chamam a atenção de um bebê), e no decorrer do processo e desenvolvimento do indivíduo sua atenção torna-se voluntária, isto é, o foco da atenção é canalizado para determinados elementos ambientais. A relevância dos objetos da atenção voluntária estará relacionada às atividades e interesses desenvolvidos pelo sujeito e aos seus significados, constituídos pelo outro, nas interações sociais e a partir do meio em que vive.

O processo de desenvolvimento da atenção voluntária está relacionado aos significados atribuídos a tudo que está à volta do ser humano. O adulto, a partir de sua existência, numa perspectiva histórica e sociocultural, internaliza tais significados, constituindo os processos de atenção voluntária. Todavia, a atenção involuntária, não controlada de forma intencional pelo próprio sujeito, continua presente como algo cravado, congênito na vida do ser humano.

Para Vygotsky (2002), a atenção, na estrutura psicológica do ser humano é uma das funções importantes que embasam o uso de instrumentos e a aquisição de significados pelo homem. A capacidade do indivíduo de focar sua atenção é fundamental para o sucesso de sua ação sobre o mundo. A atenção sempre está voltada a um foco que, muitas vezes, pode estar no próprio organismo. O tônus tem fundamental importância na atenção, pois vai diferenciar posições corporais e sua resistência às forças exteriores (postura da criança ao sentar-se para estudar); poderá haver uma desorganização nos níveis de atenção, provocando insuficientes aquisições do determinante proposto. A posição corporal em que ela se apresenta, debruçada sobre o caderno, poderá transmitir a mensagem de interesse para se ater ao que está sendo proposto a ela.

Atenção e distração caminham paralelamente; não estar atento a algo pressupõe, necessariamente, ser distraído em relação a esse foco. Porém, não se pode dizer que

---

1 Filogênese é o estudo científico, evolução das espécies.

2 Ontogênese é o processo evolutivo acerca das alterações biológicas sofridas pelo indivíduo, desde o seu nascimento, até seu desenvolvimento final.

3 Sociogênese é o estudo das interações sociais.

uma pessoa distraída a determinado foco, não tenha atenção. Sua atenção poderá estar direcionada a outro elemento, que naquele momento apresenta maior interesse por parte do sujeito (VYGOTSKY, 2003).

Na pandemia da covid-19, por muitas vezes, a criança está tão presa a fatos e comentários presentes em seu cotidiano, tendo contato com uma realidade crua e assustadora, tornando-a ainda mais dispersa, fazendo-a flutuar de forma aterrorizante, além de muitas vezes compactuar com o mau humor de quem está designado no grupo familiar para cuidar dela. No entanto, tais informações são pouco elaboradas. Continuará presente a incompreensão do momento vivido, quando pais se tornam professores ou auxiliares inexperientes. Assim, então, fica extremamente difícil estruturar explicações integradas, provocando atenção nas nossas crianças. Como também, em outros momentos, a criança pode deparar-se com situações maravilhosas, tornando-a efetivamente emocionada, transbordando alegria, arrancando-a da realidade e da razão, então, também tornando-a distraída.

O ato de atenção pode ser compreendido a partir de sua morte e renascimento incessante, como o fogo que se apaga e com um sopro reacende; assim, a tarefa de ensinar torna-se mais difícil para quem o faz.

Para Vygotsky (2002), o desenvolvimento da atenção, nas primeiras etapas do desenvolvimento humano, é quase exclusivamente de ordem instintiva e reflexa, transformando-se em orientação voluntária ao longo da constituição da consciência, a partir da mediação (a mediação é essencial para possibilitar atividades psicológicas voluntárias, intencionais, as quais são controladas pelo próprio indivíduo. Os processos de mediação vão se transformando durante o desenvolvimento humano. Para a criança pequena, a atividade é direta, não mediada; com o desenvolvimento, a criança vai construindo suas funções psicológicas superiores, como a atenção a partir da mediação, do uso de instrumentos e significados apropriados por ela por meio da interação no meio social), e da apropriação de significados, atribuídos pelo outro no processo de interação.

A atenção infantil depende do interesse da própria criança. A causa da distração está relacionada ao desinteresse dela em relação às suas atividades obrigatórias.

A atenção é definida como libertadora relativa de escolha. É sempre direcionada para os fatores que apresentam significados para o indivíduo, de acordo com seus interesses, por isso a atenção é uma função psicológica importantíssima no desenvolvimento humano.

Wallon (1979) fala sobre as causas psicológicas da desatenção na criança, descrevendo que o educador enfrenta um desafio ao desviá-la da sua experiência imediata e espontânea ao levá-la a interessar-se por algo que não se relaciona com seus desejos e necessidades de um determinado momento. O educador deverá provocar interesse ao ensinar, pois é a partir do interesse que a atenção desponta, embora existam tanto crianças apáticas como também crianças em estado de excitabilidade, dentre a diversidade mental.

Durante a pandemia, pais tornam-se educadores pedagógicos, sem o devido preparo, sem experiência, aulas on-line, nas quais a criança deverá focar na tela, com adversidades do ambiente familiar, chamando-a para a distração, muitas vezes com a impertinência de quem a acompanha nessa caminhada árdua ou, até mesmo, com o adulto, que a orienta, em movimento nos afazeres da casa ou então, ao mesmo tempo, também num trabalho em *home office*.

Os pais, muitas vezes, deparam-se com dificuldades jamais observadas em seus filhos, passando a exigir, de forma agressiva, uma atenção focada, naquele determinante proposto, sem que a criança esteja apta a alcançar, por dificuldade cognitiva ou pela própria falta de interesse.

Para Wallon (1979), a idade é uma variável importante no que se refere à atenção; o tempo também. Uma criança não consegue concentrar-se por muito tempo em determinada atividade como o adulto, por ela manter seu interesse por um tempo menor. Imaginemos, então, o quão difícil se torna esse momento em que a pandemia limita a espontaneidade, a liberdade tanto do professor – tendo de se reinventar, ser criativo para provocar maior interesse ao aluno, para que este se aproprie da proposta apresentada – quanto aos pais, avós ou cuidadores, assumindo um lugar que não lhes pertence, enquanto educadores e, principalmente, a criança tendo de focar a atenção em algo que, na maioria das vezes, não a atrai, não a interessa. Uma situação difícil para esse triângulo da educação e formação, constituído por pais, professores e alunos (criança), tão importante para o desenvolvimento infantil.

Sacrificado é para a criança passar horas focada em uma tela, atenta, por mais interesse que o educador, do outro lado, possa provocar. Para Nelsen (2019), não há julgamento ao ensino on-line, há grandes possibilidades de a criança se ater a esse método de ensino. A questão é: como os pais e professores lidarão com essa nova orientação? Estariam eles preparados para conduzir essa nova forma de ensinar e aprender?

A criança apresenta alternâncias, adaptando-se às novas formas de lidar com determinada atividade, simplifica, transforma regras de jogos, sendo que a causa de tal inversão reside na acomodação perceptiva.

Nossas encantadoras crianças estão "confinadas" em casa, o adulto também, mas a elas soma-se o peso de estar sem liberdade de ir e vir no seu espaço, principalmente escolar, sendo orientadas pedagogicamente por alguém que precisa assumir o papel do professor – muitas vezes de forma impaciente, reforçando, mesmo que sem querer, o seu desinteresse e provocando distração. Crianças que vivem em grandes centros urbanos, onde casas e apartamentos são normalmente menores, tiveram esses ambientes transformados, a partir da pandemia, em sala de aula para elas e ponto de trabalho para muitos pais.

A pandemia poderá apresentar uma influência ineficaz no desenvolvimento psíquico, podendo haver uma desorganização nos níveis perceptivos, de atenção, intelectual e de ordem afetivo-emocional. Porém, podemos construir formas de lidar com nossas encantadoras crianças, ajudando-as a organizarem a realidade atual para que se sintam encorajadas, competentes a contribuir quando são incluídas na organização de suas próprias rotinas juntamente com quem cuida delas. Mesmo com as aulas presenciais suspensas, é importante ter suas atividades diárias mantidas, dentro de um cronograma especial construído também por elas. Assim, poderão perceber os critérios estabelecidos e responder a eles, proporcionando-lhes um senso interno de realização e capacidade, sempre respeitando suas possibilidades, constituindo instrumentos psicológicos com os quais elas possam se ater a novas orientações, firmes, mas gentis, propiciando-lhes habilidades de vida. Que elas consigam enfrentar suas frustrações desencadeadas neste momento pela pandemia e que, possivelmente, irão transformá-las, de forma eficaz, em adultos resilientes.

Evitemos falas agressivas ao estudar com o filho, convidemo-lo a encontrar soluções para melhorar seu tempo de estudo, construamos com ele rotinas diárias, ofereçamos oportunidades para que ele aprenda a autodisciplinar-se em seus desejos e necessidades. Não pratiquemos o autoritarismo, tenhamos autoridade, sejamos firmes e gentis (NELSEN, 2015), não negligenciemos suas falas, atitudes, e também suas respostas inadequadas no ato de aprender ou ensinar.

Diante de uma situação indulgente com que vivemos, devido à pandemia da covid-19, quando as pessoas estão mais sensíveis, reflexivas, inseguras e ansiosas devido à incerteza do amanhã, do ponto de vista físico, ser contaminado, apresentando sintomas psíquicos e ao mesmo tempo afastando-se do social, há então um grande sofrimento acometendo o homem. O adulto é afetado mesmo com sua vivência e maturidade. E então? Como nossas encantadoras crianças devem estar se sentindo-se? Respeitemo-las no ato de ensiná-las... encorajando-as!

Que pais e educadores consigam desempenhar suas dificultosas e desconfortáveis tarefas, sustentando suas presenças enquanto orientadores, cada um desempenhando seu papel na educação e formação das crianças. Assim, nossas encantadoras crianças terão a oportunidade, dentro de suas possibilidades, de renascerem resilientes em outro tempo.

Referências

NELSEN, J. *Disciplina Positiva*. Tradução: Bernadette Pereira Rodrigues e Samantha Schreier Susyn. 3. ed. Barueri: Manole, 2015.

NELSEN, J.; LOTT, L. *Disciplina positiva para adolescentes: uma abordagem gentil e firme na educação dos filhos*. Tradução: Bete P. Rodrigues, Ruymara Teixeira de Almeida. 3.ed. Barueri: Manole, 2019.

OLIVEIRA, M.; VYGOTSKY, L. *Aprendizado e desenvolvimento: um processo sócio-histórico*. São Paulo: Scipione, 2003.

SPAZZIANI, M. As práticas pedagógicas em saúde na dinâmica docente. In: GONÇALVES, M. F. C. (org.). *Educação escolar: identidade e diversidade*. Florianópolis: Insular, 2003.

VYGOTSKY, L. *A formação social da mente*. São Paulo: Martins Fontes, 2002.

VYGOTSKY, L. *Psicologia pedagógica*. Porto Alegre: Artmed, 2003.

WALLON, H. *Psicologia e educação da criança*. Lisboa: Veja, 1979.

18

COMO UTILIZAR A COMUNICAÇÃO NÃO VIOLENTA PARA ENCORAJAR OS FILHOS PARA OS ESTUDOS?

Neste capítulo, os pais encontrarão estratégias de como utilizar uma comunicação encorajadora para engajar os filhos para os estudos, evitando com que se sintam diminuídos, sem afetar sua autoestima ou interferir de forma negativa ao lidar com os estudos. Desenvolver uma comunicação encorajadora leva a resultados maravilhosos entre pais e filhos, encorajando-os a encontrar uma solução para o hábito de estudos e, assim, evitar que esse comportamento se torne aversivo e comprometa a relação entre pais e filhos.

KEIKO DA COSTA OIKAWA

Keiko da Costa Oikawa

Keiko da Costa Oikawa mora em Belém (PA) e é psicóloga formada pela Universidade da Amazônia (Unama), desde 2004. Especialista em Teoria e Prática em Terapia Cognitivo-comportamental pela USP. Pós-graduada em Recursos Humanos pela Fundação Armando Álvares Penteado – FAAP/SP. MBA pela Fundação Getulio Vargas em Gestão Hospitalar – Belém/PA. Pós-graduanda em Neuropsicologia pela faculdade Censupeg – Belém/PA. Formação em andamento em Terapias Comportamentais Contextuais pela Eurekka. Trabalha como psicóloga clínica, realizando atendimentos on-line e presenciais de crianças, adolescentes e adultos. É facilitadora do programa *Encorajando Pais*.

Contatos
keikooikawa@hotmail.com
Instagram: @amadurecere_com_leveza / @psicologa_keiko_oikawa
91 980586107

> *Os elogios convencionais muitas vezes tomam a forma de julgamentos, embora positivos, e às vezes são feitos para manipular o comportamento dos outros. A comunicação não violenta incentiva a expressão de apreciação apenas para celebração.*
> Marshall B. Rosenberg

O que é uma comunicação violenta ao estudar?

Sempre que se fala em violência, costuma-se fazer um paralelo com agressividade, uso da força e/ou conflito. Para estimular as crianças e adolescentes nos estudos, alguns adultos acreditam que, para que seus filhos melhorem seu desempenho na escola, precisam bater , fazer comparações com outras pessoas da mesma idade, agredir verbalmente ou usar diversas humilhações.

É importante lembrar, ainda, que punições físicas, verbais e morais não comprometem apenas a saúde física e psicológica das crianças e dos adolescentes, mas também dos pais e cuidadores. Garantir uma educação disciplinar de qualidade é uma forma de os pais construírem um ambiente para estudo mais tranquilo, amoroso e saudável.

Quando pais reagem com uma atitude violenta para que seus filhos parem de se comportar mal, as emoções de raiva, vergonha e tristeza ao defenderem aquilo que acreditam ser melhor diante de um comportamento inadequado de seus filhos dá a eles a sensação de que aquela reação foi efetiva, principalmente por ter aliviado essas emoções desconfortáveis que estavam sentindo.

No entanto, ao invés de ajudar, em um futuro muito breve castigos e punições físicas e verbais tornam ainda mais difícil o relacionamento familiar, pois os filhos tendem a mentir ou esconder algo dos pais para evitar consequências aversivas, e não por terem aprendido algum valor importante, sem contar que ainda podem se tornar agressivos. Outras consequências danosas são os filhos terem dificuldade de desempenho na escola, adquirirem transtornos psiquiátricos, além de manterem desconfiança na sua relação com os pais, diminuindo cada vez mais os níveis de comunicação, confiança e carinho no lar.

Vejamos alguns exemplos de quando eu chegava nas residências de alguns clientes iniciando o trabalho de verificar o que acontecia por trás de uma rejeição aos estudos:

Criança

O meu primeiro dia na casa dessa criança foi bem desafiador, pois ao sentar-se à mesa onde estudava, ele reagiu assim:

"Eu não vou sentar, não vou estudar" (e depois começou a correr pela casa, mexer em todos os brinquedos), dizia que era burro, e que todo mundo na casa dizia que ele não aprendia nada (sua mãe ia começar a correr atrás da criança, porém, fiz um sinal a ela que não). Até que teve um momento que a criança parou e resolveu sentar.

A única coisa que falei foi: *"Eu não acredito que você não aprende nada, e duvido, hein?"* (a criança dizia para eu ir embora, mesmo sentado à mesa, até o momento que resolveu pegar o seu material da escola).

Adolescente

No meu primeiro dia na casa desse adolescente, ao sentar à mesa, fiquei aguardando, pois ele estava dormindo no sofá da sala. Após uns cinco minutos, o jovem se sentou e foi logo dizendo: "Isto é perda de tempo, não adianta, não sei nada, pra que me esforçar? Sempre ouvi isso."

Diante dessa fala, a única coisa que me veio à mente para dizer foi: "Vamos tentar juntos descobrir o melhor caminho para driblar suas dificuldades".

Tanto a criança quanto o adolescente diziam que ouviam essas verbalizações de seus pais e que se sentiam desmotivados a tentar, pois acreditavam que não tinham mais jeito mesmo. Ou seja, isso acaba sendo um tipo de comunicação desencorajadora e que acaba repercutindo de forma negativa na autoestima dos filhos.

Princípios de uma comunicação não violenta

Ao contrário de uma comunicação violenta, a comunicação não violenta está baseada na habilidade de usarmos o nosso tom de voz e em como nos expressarmos de forma mais humana, sem precisar depreciar alguém, mesmo em situações adversas.

À medida que se utiliza a comunicação não violenta, substituindo padrões como defesa e ataque diante de julgamentos para convencer alguém a fazer algo ou para criticar, tornamos mais claras nossas percepções e, as dos outros. Isso acontece porque começamos a diminuir as posturas de resistência e as reações violentas, e nos concentramos cada vez mais em tornar claro e entender o que o outro está observando, sentindo e necessitando, ao invés de tentar diagnosticar e julgar.

Podemos dizer que a comunicação não violenta proporciona respeito, empatia, atenção e gera um desejo mútuo de nos entregarmos de coração, sem contar que ela cabe muito bem em vários contextos, inclusive no mundo dos estudos.

Passos para encorajar os filhos a estudar baseados em uma comunicação não violenta

Como podemos ver, o princípio da não violência é fundamental para o estabelecimento de propostas que estimulem os filhos a criarem uma rotina de estudos saudável, e é muito importante estar atento a estes processos:

a) Observar: é muito importante observar, sem julgar ou avaliar, de que forma os filhos se comportam quando são solicitados a estudar. Tente se perguntar: "O que estou percebendo o meu filho fazer ou dizer ao propor o estudo?" Procure perceber aquilo que está sendo agradável ou não nesta observação.

b) Sentimentos: perceba de que forma o seu corpo reage ao ver seus filhos se comportando de maneira inadequada ao realizar os estudos ou evitando-os. Tente identificar as suas emoções: tristeza, raiva, culpa, mágoa, se está assustado, alegre etc.

c) Necessidades: perceba e reconheça as necessidades de seu filho e as suas (pais e educadores), tentando fazer uma ligação com os sentimentos que estão surgindo.

Os pais podem comunicar esses três comportamentos aos seus filhos da seguinte maneira: "José, quando o vejo sem estudar, às vésperas de uma prova e sem ter anotado os assuntos que irão cair, isto me deixa irritado e ao mesmo tempo preocupado, pois percebo que você pode estar precisando se organizar melhor para estudar, e talvez precisando de auxílio para fazer isso."

Os genitores podem continuar imediatamente inserindo o quarto componente desse processo, fazendo um **pedido** bem específico: *Você poderia mandar uma mensagem para algum amigo seu e pedir o conteúdo da matéria que irá cair na prova.* Esse componente enfatiza o que está querendo da outra pessoa para enriquecer a vida e torná-la mais estimulante e encorajadora.

O que os pais podem fazer, após terem identificado os processos para encorajar os filhos aos estudos?

1. Ajude seu filho a montar e a desenvolver uma rotina de estudo: costumo dizer que os filhos não nascem sabendo de todas as estratégias para criar uma rotina de estudos. Mesmo que os pais já tenham ensinado, muitas vezes não é de primeira que aprendem. Em cada nova série são inseridos novos conteúdos e desafios. Desta forma, antes de iniciar os estudos, procure fazer uma pequena reunião para diminuir as dificuldades, permitindo que seu filho encontre a solução. Veja a seguir uma sugestão para criar uma planilha de estudo. Você pode utilizar um *planner*:

1.1 Peça para que seu filho mostre o seu horário de aula da escola. Em seguida, com o *planner*, monte junto com ele um horário de estudos para depois da escola. Proponha iniciar os estudos pelo conteúdo que considera mais difícil e depois terminar com o conteúdo que considera fácil; isso diminui as chances de procrastinar.

1.2 Caso perceba que seu filho tenha dificuldade em seguir um estudo de duas horas direto, por exemplo, procure fazer pequenos intervalos de 30 em 30 minutos, com duração de 10 a 15 minutos cada um.

1.3 Neste *planner*, sugiro não só organizar a semana colocando as matérias para estudar, mas também incluir outras atividades, tais como: jogar videogame, fazer artes marciais, ir ao balé etc.

1.4 Em outro *planner*, você pode ajudar seu filho a organizar as datas de provas, trabalhos, leituras e quantidade de matéria que precisa estudar.

2. Hora de estudar: procure mostrar ao seu filho como preparar o espaço para ter um estudo mais produtivo.

3. Caso o filho tenha esquecido de copiar algo ou não fez a tarefa: procure lembrá-lo dos acordos que fizeram ou veja se é alguma dificuldade. Caso perceba que também tem dificuldade em auxiliar os filhos na hora dos estudos, talvez seja o momento de procurar um reforço escolar.

4. Em caso de erros: não esqueça: os erros são uma grande oportunidade de aprendizado. Se durante os estudos seu filho errar, evite dizer: "Nossa, você nunca aprende nada, quando eu era da sua idade não agia assim[...]"; "Não acredito, você errou isso[...]"; "Você tem tudo do bom e do melhor e me dá em troca esta nota". Como pode ver, são afirmações que não auxiliam a encontrar uma maneira melhor de estudar. Foque na solução e não na acusação.

5. Encoraje os filhos quando se sentirem incapazes: procure utilizar este tipo de comunicação:

- Vejo que isto está difícil para você, vamos tentar juntos.
- Hum, você errou, tente fazer novamente, e vai evitar errar de novo.
- Você está cansado, vamos lá, falta pouco para terminar.

Como podemos verificar, utilizar a comunicação não violenta para encorajar o seu filho a estudar não faz os pais ignorarem os problemas. Muito pelo contrário, fica claro que estão ativamente envolvidos em ajudar o filho a aprender a lidar com as adversidades ao estudar de maneira mais apropriada. Ao permanecerem calmos, amigáveis e respeitosos com o filho e com eles mesmos, os pais estão se permitindo ouvir sem julgar e interpretando as situações da forma mais adequada.

Todos os nomes apresentados neste texto são fictícios.

Referências

NELSEN, J.; LOTT, L.; GLEEN, H. S. *Disciplina Positiva de A a Z: 1001 soluções para os desafios da parentalidade*. 3. ed. Barueri: Manole, 2020, p. 7-11.

ROSENBERG, M. *Comunicação não violenta: técnicas para aprimorar relacionamentos pessoais e profissionais*. São Paulo: Ágora, 2006, p. 20-24.

SIDMAN, M. *Coerção e suas implicações*. São Paulo: Livro Pleno, 2009, p. 246-266.

19

A IMPORTÂNCIA DO APEGO SEGURO NOS PRIMEIROS ANOS DE VIDA

Estudos mostram que o amor é importante. Crianças desejam ser aceitas e amadas, e o impacto dessa fase inicial repercute por toda a vida. O apego seguro garante que essas necessidades sejam atendidas e possibilita o desenvolvimento saudável de uma pessoa extraordinária.

KELLY BORGES

Kelly Borges

Psicóloga clínica formada em 2014 pela FSG (Faculdade da Serra Gaúcha). Psicóloga especialista em Psicologia Hospitalar, Neuropsicologia e Terapia Cognitivo-comportamental. Educadora parental certificada pela PDA – USA. Especializando-se em Psicologia Perinatal e da Parentalidade.

Contatos
kellyborgespsico@gmail.com
Instagram: @kellyborgespsico
54 99957 4557

O começo de tudo

O lugar de um bebê na vida dos seus pais começa quando ele é apenas uma possibilidade futura. Quando o casal fala do desejo de ser, em algum momento da vida, pais de outro ser. A escolha pelos possíveis nomes, imaginar como serão as características físicas e de personalidade, qual cor vai ser o quartinho, quem vai levantar de madrugada, em qual escola vai estudar, que profissão vai ter quando crescer. Esses planos permeiam o imaginário dos pais que esperam ansiosos por esta nova vida.

De fato, nem toda gestação ocorre dessa forma – muitas acontecem sem esta organização, planejamento e, principalmente, sem esse desejo. Quando pensamos nesta diferença inicial, de uma criança que estava sendo esperada, para uma criança que não tinha esse lugar, pode-se começar a entender o impacto emocional que o amor ou a falta dele pode causar em um ser humano em desenvolvimento.

É no período gestacional que se inicia a oferta ou não de cuidados com esta mãe e seu bebê. Tudo que lhe é ofertado ou negado nesse período contribui para preparar o bebê para a realidade que lhe espera após o nascimento. Mães que têm suas necessidades físicas e emocionais atendidas nesse período tendem a ter uma gestação tranquila e saudável. Muito diferente de mães que, por diversos motivos, não têm acesso a esses cuidados e auxílio.

O apego seguro

Diferentemente de outros mamíferos, os bebês nascem totalmente dependentes de seus cuidadores. Por ter essa dependência, todo cuidado direcionado a esse bebê serve como molde para as relações que ele terá futuramente. Uma das ferramentas mais poderosas que temos para a preparação de um ser humano incrível é o apego seguro. Esse termo se define por um vínculo afetivo desenvolvido entre criança e pais ou cuidadores. No apego seguro, as necessidades são atendidas com assertividade e proporcionam o desenvolvimento de forma segura física e, emocionalmente, contribuindo com seu desenvolvimento cognitivo.

A vinculação começa a acontecer durante a gestação, quando os pais demonstram carinho com a barriga da mãe, quando conversam ou cantam para o bebê, quando nomeiam o que estão fazendo ou como estão se sentindo, e quando compram suas roupinhas ou começam a arrumar o quarto do futuro filho. Nesses gestos há um investimento emocional nesse bebê que, por sua vez, sente esta conexão por meio da sensação de bem-estar e segurança sentida pela mãe. Entende-se que tudo o que acontece com a mãe durante o período gestacional pode afetar estruturas cerebrais do bebê, elevar seus níveis hormonais, entre outras alterações. No ventre materno o bebê consegue sentir carinho, afeto, amor ou a falta desses sentimentos.

Ao nascer, o bebê tem cinco necessidades básicas que precisam ser atendidas: fisiológicas, fome, hidratação, higiene e qualidade do sono. Essas necessidades costumam ser atendidas sem nenhuma resistência, quase que intuitivamente. Existem as necessidades cognitivas que estão relacionadas à aprendizagem e à capacidade de se desenvolver adequadamente as habilidades; as necessidades sociais, que dizem sobre o convívio em sociedade – Somos seres sociais por natureza e dependemos uns dos outros. Por último, mas não menos importante que as citadas anteriormente, estão as necessidades afetivas e emocionais. Essas, por sua vez, são as que os pais têm maior dificuldade de reconhecer que precisam ser supridas por sua grande importância. Os pais relutam em reconhecer que seus filhos precisam de todo carinho e amor que for possível, crianças precisam desse investimento afetivo tanto quanto precisam de alimentação. Filhos precisam do auxílio dos pais para modelar e regular suas emoções. Crianças precisam ser incentivadas a desenvolver sua autonomia. Eles necessitam ser vistos em sua individualidade como sujeitos portadores de uma identidade própria e única. Estas são as necessidades mais básicas que um ser humano tem no início da vida e que efetivamente precisam que sejam supridas por seus pais.

Quando essas necessidades físicas e emocionais não são consideradas, podem acarretar em dificuldades emocionais, cognitivas e sociais na vida adulta. Pesquisas mostram que crianças privadas desta segurança na fase inicial correm maior risco de desenvolver psicopatologias no decorrer de sua vida.

Considerando que o contato com os pais ou cuidadores é a primeira relação que o bebê estabelece, a qualidade dessa relação implicará fortemente no seu desenvolvimento socioemocional, e por isso a fase inicial é tão importante.

Pais que conseguem suprir as necessidades dos filhos são pessoas que tiveram um vínculo bem estabelecido com seus pais quando crianças. Adultos que em sua infância foram acolhidos suficientemente em suas necessidades e estabeleceram com seus pais um apego seguro, tendem a proporcionar esta mesma segurança a seus filhos. Já pais que não conseguem estabelecer esse vínculo satisfatório, quando olhados em sua história, são pessoas que não tiveram atenção necessária de suas demandas físicas e emocionais.

René Spitz, psiquiatra e psicanalista francês, trabalhou muitos anos em orfanatos observando bebês que tinham sido abandonados por suas mães. Em 1945, constatou-se que muitos daqueles bebês acabavam morrendo mesmo quando eram supridas suas necessidades fisiológicas. O entendimento deste fato foi que os bebês morriam porque não lhes eram investidos sentimentos de afeto e amor. Os enfermeiros lhe supriam as necessidades do corpo, mas os bebês eram privados de investimento afetivo e acabavam morrendo. Com isso, é possível compreender a importância desse vínculo emocional com pais ou cuidadores.

É necessário que os pais estejam disponíveis, acessíveis e conectados emocionalmente a seus filhos para entenderem suas necessidades. Essas três etapas – disponibilidade, acessibilidade e conexão – são essenciais para que se tenha a capacidade de suprir a demanda que vier dessa criança, física ou emocionalmente.

Segundo John Bowlby, psicólogo, psiquiatra e psicanalista britânico que desenvolveu a teoria do apego, é preciso que os pais consigam encontrar o equilíbrio entre segurança e proteção com o incentivo da autonomia das crianças para que se desenvolva seguramente este apego. O afeto e o investimento emocional são muito mais que tratar o outro com respeito e atender suas necessidades. São fatores fundamentais de sobrevivência e proteção para um desenvolvimento físico e cognitivo. São o "segredo" para que as crianças se tornem grandes seres humanos, dotados de inteligência e saúde mental.

Quando na infância os sujeitos foram supridos de amor, respeito e cuidado, eles se tornam adultos saudáveis, habilidosos, gentis, amorosos, resilientes e empáticos. Tudo isso porque o afeto estimula o cérebro a construir conexões neurais que servirão de suporte para a formação de um ser humano decente e bondoso.

Hoje em dia, com os avanços da medicina e das pesquisas relacionadas a isso, é possível ver em exames de imagem a diferença estrutural de um cérebro de uma criança que foi amada para uma criança que foi privada de cuidado, afeto e amor. Esse tempo de investimento na primeira infância propicia grandes chances de estarmos criando seres humanos incríveis para um futuro que pode ser muito melhor do que os tempos que vivemos hoje.

O amor importa, a ciência tem como provar. Amor é aquilo que quanto mais dividimos, mais ele multiplica.

Referências

BENELLI, S. J.; SAGAWA, R. V. *Observação da relação mãe-bebê pertencentes à classe trabalhadora durante o primeiro ano de vida*. Disponível em: <https://doi.org/10.1590/S0103-166X2000000300003>. Acesso em: 27 abr. de 2021.

DE BRUM, E. H. M.; SCHERMANN, L. *Vínculos iniciais e desenvolvimento infantil: abordagem teórica em situação de nascimento de risco*. Disponível em: <https://doi.org/10.1590/S1413-81232004000200021>. Acesso em: 27 abr. de 2021.

GERHARDT, S. *Porque o amor é importante*. Porto Alegre: Artmed, 2017.

MALDONADO, M. *Os primeiros anos de vida: pais e educadores no século XXI*. São Paulo: WMF Martins Fontes, 2014.

NELSEN, J. *Disciplina Positiva*. Barueri: Manole, 2015.

20

SEPARAÇÃO POSITIVA
POR UMA SEPARAÇÃO CONJUGAL CONSCIENTE E PACÍFICA

Este capítulo se propõe a abordar a temática da separação conjugal, apresentando o projeto *Separação Positiva*, que tem como propósito ajudar pais separados a lidar com os filhos em processo de reorganização familiar. Faz uma interseção entre as formas pacíficas de solução de conflitos com a orientação de pais, como estratégia para a promoção e construção de uma cultura de paz.

LILA CUNHA

Lila Cunha

Psicóloga, mestre em Psicologia Social (PUC/SP), especialista em Mediação de Conflitos com ênfase em família (Ucam-AVM/RJ). Especialista em Psicologia para o magistério superior (Univali-SC). Educadora parental certificada pela Positive Discipline Association (PDA/USA). *Expert parent coach* certificada pela Parent Coaching Brasil (SP). Facilitadora do programa *Encorajando Pais*. Mediadora de conflitos sênior certificada pelo Nupemec/Tribunal de Justiça-RJ. Capacitação teórica em Mediação de Conflitos pelo Mediare/RJ. Expositora das Oficinas de Divórcio e Parentalidade, certificada pelo Conselho Nacional de Justiça. Idealizadora do projeto *Separação Positiva*, que tem como objetivo ajudar pais separados a enfrentar e resolver os conflitos de forma pacífica, e a lidarem positivamente com os filhos. Mais de 30 anos de carreira com experiência em várias áreas: ensino superior, consultoria em educação e avaliação de projetos/políticas sociais. Atendimento a mulheres em situação de violência.

Contatos
contato@lilacunha.com.br
Instagram: @separacaopositiva
21 99133 8293

A não violência absoluta é a ausência absoluta de danos provocados a todo o ser vivo. A não violência, na sua forma ativa, é uma boa disposição para tudo o que vive. É o amor na sua perfeição.

MAHATMA GANDHI

Assim como Gandhi, nunca acreditei em combate à violência pela violência, seja ela física, moral, psicológica, sexual, econômica e social. Assim pautei minha vida pessoal e trabalho, o que se acentuou nos últimos dez anos, com os estudos voltados para a resolução de conflitos de forma não violenta na tradição de uma educação para a paz e, mais recentemente, quando associado à orientação de pais na abordagem da disciplina positiva.

Conflitos conjugais e parentais são comuns em uma separação conjugal. Pertencem à vida humana e são inevitáveis. Não são positivos nem negativos. As respostas dadas a eles é que os tornam positivos ou negativos, ou, ainda, construtivos ou destrutivos.

Não nascem repentinamente, mostram sinais, movimentam-se em escalada. Mais importante do que os seus motivos é compreender o que são e como funcionam, além de conhecer quais estratégias podem ser usadas para a sua resolução.

Imagine um conflito. Uma iniciativa sua para resolvê-lo pode definir a evolução (ou não) da situação? Você não pode evitá-los ao longo da vida, mas pode mudar a sua atitude e aprender a lidar com eles de forma construtiva.

Este capítulo tem por objetivo oferecer a você uma mudança de mentalidade. Apresentar que existe uma alternativa para viver uma separação conjugal que transcenderá a separação destrutiva, que fragiliza ou rompe os vínculos parentais, o que ninguém quer para a sua família. Está ao seu alcance mudar a história, e se não der, existe a possibilidade de você ter ao seu lado um especialista em diálogos (mediador de conflitos) e tudo bem. Sabe como? Vamos aprender um pouco sobre isso.

O pensador antroposófico e consultor em mediação de conflitos, Friedrich Glasl, elaborou uma metodologia de reconhecimento e solução de conflitos – a escalada do conflito. O modelo é uma escada descendente de nove passos, com três fases, em degraus. Mostra que o conflito progride em um círculo vicioso de ação e reação (espiral), que se exacerba a cada reação e, à medida que se intensifica, vai descendo os degraus rumo ao abismo. O mérito é mostrar que é possível mapear o conflito, examinar o ponto em que você se situa, avaliar a situação e evitar danos.

Na 1ª fase da escalada, dos degraus 1 ao 3, vê-se que o conflito não nasce com as diferenças, e sim quando elas se cristalizam. Pode ser resolvido pelas partes, por meio do consenso e benefício mútuo. É o nível ganha-ganha.

1. **Tensão/Endurecimento:** opiniões divergem, endurecem e se chocam. A comunicação gera tensão. Ainda há crença no diálogo. As indicações para minimizar os conflitos nessa fase são: a) ouvir as ideias de uma das partes; b) fazer perguntas abertas ao invés de dar respostas (O quê? Como?); c) ouvir com interesse sem interromper e se defender; d) repetir o que ouviu da outra parte; e) após essas etapas, dar o seu ponto de vista; f) responder: O que preocupa cada um? O que propõem para resolver? Por que essa solução?
2. **Debate:** deslocamento do problema para o plano pessoal. Polêmica, mordacidade, agressão verbal. A cada argumento, um contra-argumento. Ter razão é essencial. Para minimizar conflitos: a) debater as ideias e não as pessoas; b) ter escuta empática (ouvir da perspectiva da pessoa que fala); c) dizer o que compreendeu de forma objetiva e positiva; d) não impor ideias; e) dar informações positivas; f) não julgar. Autorreflexão: Essas diferenças são vitais para mim? Posso evitar os próximos passos da escalada? Não havendo consenso, a introdução de um mediador capacitado e qualificado ajudará a preservar o diálogo, a evitar os ataques pessoais e a resguardar os laços familiares.
3. **Ações ao invés de palavras:** desgaste. Conversas não resolvem. Importa é agir, cada um a seu modo, e contra o outro. Perda da empatia. Desconfiança. Mal-entendidos. Para reduzir conflitos, conversar com a outra parte sobre as suas intenções, os motivos, dizer que podem resolver a situação juntos, sem ações isoladas. Caso não consiga, um terceiro de confiança pode trazer o equilíbrio. Autorreflexão: Ainda possuo autocontrole? Domino o que está ocorrendo? Posso recorrer a uma ajuda externa?

Continuando a escalada, nos degraus de 4 a 6 está a fase ganha-perde, dos ganhos unilaterais, e envolve uma solução em que alguém acaba derrotado.

4. **Imagens e coalizações:** a polarização se acentua. As partes se acham sempre certas. Imagens e sentimentos de superioridade x inferioridade. "Eu sei, o outro não"; "Fulano é cabeça-dura". Apoios na causa: "Você viu o que fulano teve coragem de fazer?" Desqualificação da imagem, alfinetadas, são times que se enfrentam. Para minimizar conflitos, pratique exercícios de empatia para que um deixe de ver o outro como coisa, e sim como uma pessoa que tem vida e história.
5. **Perder a cara:** polarização extremada. Um lado acredita que descobriu as reais intenções destrutivas do inimigo, e precisa ser desmascarado. "Todo esse tempo o que ele estava querendo era...", "Eu preciso que as pessoas vejam o quão...". Nasce a sensação de ter vivido uma ilusão: "Só agora eu entendi a intenção dele", "Pensei que fulano era meu amigo". Perder a cara significa que a pessoa perdeu a credibilidade moral e o inimigo precisa ser eliminado. Reduzir conflitos sem ajuda externa a partir daqui fica cada vez mais difícil porque houve ataque à reputação.
6. **Ameaças como estratégia:** compromisso com ações. Começa com uma exigência ("As crianças devem ser trazidas para casa no horário"), depois uma sanção ("Se você não fizer isso, eu vou entrar com uma ação judicial") e um potencial de sanção (envia uma notificação, mostrando a sua intenção). Quem ameaça

procura dar um basta, forçando o outro a ceder. O lado ameaçado responde com contra-ameaças. Para minimizar os conflitos, evite a coerção e a intimidação, que só funcionam a curto prazo. Um mediador profissional é necessário para frear o processo de escalada, resolver o conflito e conter a violência. Autorreflexão: Qual o ganho de manter o conflito? Qual o risco em colocar um fim? Qual é o impacto na sua família? Quanto vale esse confronto na vida do seu filho?

Finalizando a escalada, na 3ª fase, dos degraus 7 ao 9, nada mais há a ganhar. É o nível perde-perde. O conflito se esgarçou e só há perdas mútuas. A competição agora é para saber quem perderá menos.

7. Ataques destrutivos limitados: as ações judiciais e ameaças são colocadas em prática: "Você não verá mais as crianças"; "Eu não pagarei mais a pensão". As partes passam a se tratar como "coisa". Perdem a crença na humanidade do outro. O foco é destruir, primeiro com os bens materiais, seguido das pessoas. Um mediador poderá reorganizar a interação das partes e retomar a dinâmica mais colaborativa, como a do início do conflito.
8. Fragmentação do inimigo: a meta é a destruição do inimigo, paralisando a própria vida. "Eu gasto tudo o que tenho, mas... "eu perdi, mas ele(a) perderá mais". "Vou infernizar até morrer". A vida se resume a aniquilar o outro.
9. Juntos para o abismo: o caminho de destruição e autodestruição chega a seu término fatal, caso não ocorra uma virada. O passo para o abismo não precisa ser dado. Ainda existe a possibilidade de reflexão. Assistir ao filme *A Guerra dos Roses* (filme de Danny DeVito, 1989) é um ótimo exercício para tomar consciência da escalada do conflito, e como ele é potencializado, quando malconduzido.

Talvez você, como eu, ache esse percurso doloroso e cansativo. É lamentável mesmo. Mas, a partir de agora, você terá ferramentas para entender, exercitar e ser capaz de procurar uma solução racional e equilibrada. Assim, o conflito perderá a conotação negativa e se tornará uma oportunidade de mudança. Almejar a paz é um conceito dinâmico que nos leva a enfrentar e resolver os conflitos de forma pacífica. Em uma educação para a paz, é fundamental conhecer o conflito e servir-se dele para o entendimento. E sempre que se fala em paz, o desafio é entendê-la, não como um estado dado e finito como se persegue, mas algo a ser introduzido e construído em nossas vidas.

Mencionei a figura de um mediador. A mediação tem por objetivo a autocomposição seguida da preservação das relações com o foco no futuro. É um processo de natureza não adversarial, em que um terceiro imparcial facilita o diálogo e a negociação entre as partes em conflito. O mediador não interfere no resultado. Resgata o protagonismo das partes e o resguarda. É um diferencial no atendimento às famílias por ajudar a discernir a conjugalidade da parentalidade, restaurar a comunicação e a manutenção dos relacionamentos. Esse cenário é favorável para o desenvolvimento de crianças e adolescentes que sofrem com disputas mal resolvidas entre os pais, já sob o impacto do conflito de lealdade.

A mediação não exclui ou compete com os processos terapêuticos. Ao contrário, são distintos, complementares e incentivados na recomposição familiar. E ela tem os seus limites. Sua premissa básica é a voluntariedade e a boa-fé das partes, e só será efetiva se houver interesse mútuo em firmar um acordo e capacidade de diálogo dos envolvidos.

Em uma abordagem sistêmica, a família é um sistema em equilíbrio e um processo que interage e integra os seus membros. O todo influencia a cada um, e o que acontece com cada um, influencia o todo. E a comunicação é um dos fatores mais importantes para a interação familiar, porém, muitas vezes as pessoas se comunicam, e não se entendem; se comunicam, e não se ouvem; falam, e são mal interpretadas. São áreas de risco que precisam de conversas eficazes e não violentas.

Uma separação não é o fim da família. É o início de outra etapa em família. Hoje, novas configurações familiares com laços consanguíneos ou não convivem sob um ou mais tetos, o que exige maior capacidade de negociação dentro da família. E sem comunicação, não há negociação.

Relações continuadas implicam relacionamentos de longo prazo. Em família, o que importa é a preservação das relações. Cada lado precisa sair satisfeito de uma negociação para ocorrer benefício mútuo. Isso estimula as partes a cumprir os combinados, aumenta o respeito e a confiança, fomenta a base para a cooperação futura e torna a tomada de decisão mais suave, uma vez que a responsabilidade do resultado é de ambos, diferentemente dos processos judiciais.

Considerando estratégias que conduzam a experiências e atitudes de paz, o projeto *Separação Positiva* foi idealizado com objetivo de ajudar pais separados a enfrentar e resolver os conflitos de forma pacífica e a identificar o filho como o interesse de ambos a ser preservado. Parte do pressuposto que, uma vez terminado o vínculo conjugal, os laços entre pai/mãe e filho são eternos e não harmonizam com resistência.

Estabelecido na prioridade de os pais serem adultos para que os filhos sejam crianças, o projeto articula-se com a orientação de pais na perspectiva da disciplina positiva, por oferecer ferramentas e recursos práticos para trabalhar com as famílias, e promover o autoconhecimento individual e familiar. Defende que, em uma separação, é importante que os pais alinhem consensos realistas quanto à educação dos filhos, e que no processo de reorganização familiar seja resgatada a responsabilidade parental para o empoderamento da família, em consonância com o universo familiar no mundo de hoje. E que uma parentalidade saudável tem como pressuposto olhar prospectivamente para a melhoria contínua e para a possibilidade de ressignificar experiências dolorosas em estratégias positivas para criar com os filhos.

Por fim, o projeto *Separação Positiva* parte da premissa de que a violência não é inevitável, que a paz pode ser aprendida e estimulada, e que as formas de convivência e de superação do conflito, com base no diálogo, quando encontram suporte no contexto da orientação de pais em uma perspectiva encorajadora, são capazes de promover e construir uma cultura de paz.

Referências

ALMEIDA, T.; PELAJO, S. *A mediação familiar no contexto da guarda compartilhada*. Rio de Janeiro: Mediare, [S.l.]. Disponível em: <https://mediare.com.br/a-mediacao-familiar-no-contexto-da-guarda-compartilhada/>. Acesso em: 12 maio de 2021.

DIAS, M. Um olhar sobre a família na perspectiva sistémica: o processo de comunicação no sistema familiar. *Revista gestão e desenvolvimento*, n. 19, Viseu: UCP, p. 139-156, Lisboa. Disponível em: <https://revistas.ucp.pt/index.php/gestaoedesenvolvimento/article/view/140>. Acesso em: 9 maio de 2021.

GIRADE, M. *As 9 etapas da escalada do conflito: encontros on-line* M9GC, Col.1, Notas. [S.l.], 28 ago. de 2018.

GLASL, F. *Autoajuda em conflitos*. São Paulo: Antroposófica, 2012.

GUIMARÃES, M. *Educação para a paz: sentidos e dilemas*. Caxias do Sul: Educs, 2011.

21

O ESTRESSE NA FAMÍLIA
FATORES DE PROTEÇÃO

O estresse é uma reação de defesa do organismo. Ele é inevitável e indispensável para a vida. Os níveis de estresse variam em intensidade e frequência. Nas fases crônicas, podem trazer sérios prejuízos para todos. É responsabilidade da família promover saúde mental. São fatores de proteção: prevenção e estratégias familiares para lidar com o estresse.

MÁRCIA SAAR

Márcia Saar

Psicóloga, CRP-08/19560. Graduada pela Universidade Federal de Santa Catarina (UFSC, 2006). Atua diretamente com prevenção e tratamento de estresse, orientação a pais e psicologia clínica há 15 anos. Especialista em Saúde Mental. Possui certificação para diagnóstico de estresse pelo Instituto de Psicologia de Controle do Stress Marilda Lipp, pela Associação Brasileira de Estresse e pela Associação Brasileira de Qualidade de Vida. Profissional atuante e certificada pelo Movimento Neurocompatível de ativismo em defesa do desenvolvimento infantil. É membro do Grupo de Pesquisa e Estudos da Primeira Infância da Universidade Estadual do Oeste do Paraná (Gepepi/Unioeste-PR). Tem certificação em Disciplina Positiva pela Positive Discipline Association (PDA-USA). É certificada pelo programa *Encorajando Pais*.

Contatos
marciasaar.psi@gmail.com
Instagram: @marciasaar.psi
45 9982 19821

O estresse é uma reação de defesa do organismo, diante de situações que exijam intensa adaptação. Ele aparece quando o organismo humano se sente impelido a enfrentar algo desafiador, que pode ser real ou imaginário, positivo ou negativo, já conhecido ou completamente novo. É um fenômeno que envolve alterações físicas, hormonais, emocionais e mentais.

No âmbito familiar, um membro fica estressado quando é tomado por uma forte emoção ou vivencia uma situação que lhe cause desequilíbrio interno. Nesses casos, o estresse é a reação do seu corpo na tentativa de voltar à homeostase, ao equilíbrio. Sendo assim, vivências familiares prazerosas também podem causar estresse. É o caso do nascimento de um filho, por exemplo. Qualquer evento desafiador, que causa intensa emoção (agradável ou desagradável) e que desestabiliza o sistema familiar, é fonte de estresse.

A família tem um papel socializador e estruturante na vida das pessoas. Ela é o primeiro grupo ao qual o indivíduo pertence e, em geral, os membros familiares são as suas primeiras figuras de referência e de apego infantil. É na instituição familiar que as habilidades de vida são aprendidas e treinadas pela primeira vez, que são repassadas regras sociais, que são experimentadas formas de regulação emocional, que os indivíduos aprendem a ter flexibilidade ou rigidez cognitiva e que estilos de enfrentamento ao estresse são estruturados.

De acordo com a Convenção sobre os Direitos da Criança, a família é definida como "o grupo fundamental da sociedade para o crescimento e o bem-estar de todos os seus membros, e em particular das crianças" (ONU, 1989). Assim, por definição, surge uma família quando existe uma criança como membro familiar. E a função desse grupo é prioritariamente o bem-estar das crianças, que são os seres mais vulneráveis. Por isso, os padrões familiares de funcionamento têm fundamental importância para a saúde mental das pessoas e para um adequado manejo do estresse.

O ciclo de vida familiar se inicia com a chegada de uma criança. Os primeiros meses de um bebê são marcados pela existência de inúmeras demandas. Um bebê necessita ser alimentado, acolhido, aquecido, embalado e amado. Diante de cada uma dessas necessidades, surge o desequilíbrio do organismo e o estresse se apresenta. O equilíbrio só é estabelecido novamente após alguém suprir a demanda do bebê e, assim, ele se sentir satisfeito. Esse é o ciclo indicado para lidar com as demandas de um recém-nascido e para lidar adequadamente com o estresse nas crianças: demanda – estresse – satisfação – equilíbrio.

É importante saber que existem diferentes níveis de estresse, conforme o agravamento da situação e a intensidade das reações psicológicas e físicas. Para Marilda Lipp, "o processo de estresse divide-se em quatro fases: alerta, resistência, quase exaustão e exaustão. Cada etapa possui caraterísticas próprias e sintomas típicos" (2014, p. 20).

A fase de alerta é uma manifestação positiva do estresse. É aguda, transitória e saudável. Ocorre quando há o confronto inicial com o agente estressor e o corpo entra em alerta, preparando-se para a ação: lutar ou fugir. Nesta fase, há intensa liberação de adrenalina, a pessoa se sente mais forte, motivada e capaz de enfrentar as dificuldades.

Contudo, caso ocorra intensificação e/ou permanência do estressor, passa-se para a segunda fase (resistência). Com isso, ocorre liberação do hormônio cortisol e o organismo precisa fazer um esforço muito maior para voltar ao equilíbrio.

Após, surgem as fases mais negativas e que ocasionam prejuízos (quase exaustão e exaustão), nas quais ocorre profundo desequilíbrio interior, diminuição das habilidades cognitivas e atencionais, oscilações de humor, irritabilidade, instabilidade, apatia, inabilidade para tomar decisões, ausência de prazer e até o aparecimento de transtornos mentais. Nestas fases podem surgir também doenças dermatológicas ou gástricas com mais frequência (LIPP, 2005).

Passar por situações de estresse faz parte da nossa existência desde o nascimento: separações temporárias de figuras de apego, exames médicos, mudanças na rotina, hospitalizações, ida à escola, nascimento de irmãos etc. As experiências de estresse ocorrerão sempre. Mas o nível de estresse é variável e decisivo para manutenção da qualidade de vida dos membros familiares.

Então, para promover saúde mental e potencializar ao máximo o desenvolvimento das relações familiares saudáveis, é preciso focar na diminuição do estresse. Nesse sentido, intensificar as dores e as dificuldades de alguém é gerar fator de vulnerabilidade ao estresse e não de resistência. E as famílias têm a função de tornar seus membros menos vulneráveis ao estresse (especialmente as crianças).

Portanto, a questão central é aprender a gerenciar o estresse da melhor forma e extrair, inclusive, benefícios das experiências desafiadoras. Para isso, é fundamental saber que o estresse precisa ser proporcional à habilidade que cada pessoa da família tem para lidar com ele.

No caso das crianças, o nível de estresse suportável por elas sem trazer prejuízos depende da sua maturidade cognitiva, do estágio do seu desenvolvimento, do seu temperamento e da sua habilidade de corregulação emocional. Ou seja, o nível de estresse de cada criança precisa ser compatível com sua capacidade de enfrentamento, inclusive para que ela possa treinar estratégicas e desenvolver habilidade para lidar com o estresse. Intensificar fontes de estresse é sempre prejudicial. E são os adultos que precisam estar atentos ao nível de estresse das crianças.

Em relação aos adolescentes, vale lembrar que todo ser humano precisa ser ouvido, ter desenvolvido seu senso de importância e se sentir pertencente a um grupo. E isso é ainda mais imperativo na adolescência. Quando um adolescente briga, grita ou age de forma intempestiva, ele está manifestando algo. Pode ser a expressão de uma necessidade ou apenas uma descarga emocional, pois todo o seu aparato cerebral ainda está em desenvolvimento.

Toda desregulação emocional, mesmo quando ocorre em adultos, é uma tentativa do corpo de voltar para a homeostase e diminuir o nível de estresse. Por isso, no enfrentamento ao estresse tóxico, toda dor precisa ser acolhida e todo sofrimento precisa ser amparado. A conexão é importante para a construção de laços familiares saudáveis.

Existem diferenças individuais (genéticas, hereditárias e orgânicas) aliadas à história de vida de cada pessoa, que definem como o estresse será percebido e enfrentado. O estresse não afeta as pessoas da mesma maneira, uma vez que "o conjunto de tendências inatas, interagindo com as experiências de vida, gera uma matriz de vulnerabilidade e de resistências em proporções extremamente individuais e específicas" (LIPP, 2014, p. 19).

Assim, no modelo cognitivo, "a natureza da resposta emocional – perturbada ou não – depende da pessoa perceber os eventos como adicionando (alegria/euforia), subtraindo (tristeza/depressão), ameaçando (medo/pânico) ou invadindo/coagindo (raiva/hostilidade) seu domínio" (LIPP, 2010, p. 75). Em outras palavras, não é o evento em si que estressa, mas sim a interpretação da pessoa sobre o evento. Por isso, os fatores ambientais podem ser os mesmos, porém a maneira como a pessoa interpreta e reage é diferente.

Desse modo, é importante que as pessoas da família, especialmente as adultas, busquem autoconhecimento e identifiquem quais eventos desencadeiam maior reação emocional nelas. Assim, uma das estratégias para lidar adequadamente com os agentes estressores é cada pessoa evidenciar suas maiores fontes de estresse (brigas, dificuldade financeira, excesso de informação, desemprego, sobrecargas, mudança, entre outras).

Além disso, também é necessário que cada familiar reconheça as suas fontes internas de estresse. Essas fontes estão relacionadas a crenças, valores e características pessoais (perfeccionismo, baixa tolerância à frustração, pensamentos distorcidos, expectativas elevadas, autocobrança, ansiedade excessiva, medos constantes, rigidez etc). Entender seu jeito de ser e usar seus esquemas pessoais de modo saudável é uma efetiva estratégia de enfrentamento ao estresse crônico.

Cada ser humano é único e desenvolveu um padrão de funcionamento próprio, a partir da junção indissolúvel dos aspectos biológicos, culturais e ambientais. Assim, cada pessoa vai reagir de forma singular a eventos estressantes, que lhe causem medo, raiva, nojo ou tristeza, por exemplo. Mas vale lembrar que todo estresse crônico baixa o sistema imunológico e potencializa o aparecimento de doenças oportunistas. Por isso, o autoconhecimento é necessário para encontrar as formas mais efetivas de cada um gerenciar seu estresse.

Apesar de todas essas questões individuais, todo ser humano possui pelo menos duas emoções básicas e que são antídotos naturais contra o estresse: o amor e a alegria. E todos os membros da família podem usar essas emoções agradáveis como estratégias de enfrentamento diante das tensões da vida.

O amor é uma poderosa emoção que está relacionada a se sentir querido por alguém e saber que existe outra pessoa com quem contar diante de uma necessidade. Está relacionado a sentir proteção, amparo e acolhimento. A existência dessa emoção auxilia as pessoas a serem mais confiantes, seguras e empáticas. O amor serve para dar sentido às relações, possibilita um maior cuidado entre os seres vivos e também com o ambiente. Ele fortalece vínculos afetivos saudáveis e auxilia na perpetuação da espécie. O amor é um poderoso antídoto contra o estresse crônico.

Por isso é tão importante que um ser humano vivencie o verdadeiro amor incondicional, que outros humanos gostem da pessoa exatamente como ela é, sem exigir que seja diferente. Essa é a base para o estabelecimento de segurança emocional e para vínculos de apego seguro. Toda criança e todo ser humano deveriam ter o direito de se sentir amados por quem eles são. Isso evitaria muito adoecimento e fortaleceria a nossa capacidade de enfrentamento das situações de estresse ao longo da vida.

A outra emoção agradável, a alegria, é uma forma de mostrar contentamento diante de acontecimentos prazerosos ou desejados. A alegria traz conforto emocional. Quando um membro da família está alegre ele se sente mais satisfeito, valorizado, aceito, adequado e adaptado. No corpo, a alegria produz a liberação de substâncias que causam bem-estar, animação, euforia e prazer. Nesse sentido, é uma ferramenta importante para o enfrentamento do estresse tóxico.

É impossível evitar que um familiar sinta uma emoção, pois elas são reações fisiológicas do organismo. É preciso compreender, dar significado e tomar consciência de cada emoção, inclusive para poder utilizar as emoções a favor dos relacionamentos, especialmente diante de um elevado nível de estresse. Para a família combater o estresse e ter mais qualidade de vida, o amor e a alegria podem ser utilizados sem moderação.

E existem outras estratégias familiares que são positivas no gerenciamento do estresse: buscar ter uma rotina flexível, mas com previsibilidade que gere segurança; reservar um tempo para relaxamento e diversão em família; perceber e respeitar os limites de cada membro; prestar atenção aos sintomas iniciais do estresse; ampliar o diálogo entre os membros; dormir bem; ter uma alimentação saudável e praticar atividade física.

A meta é que cada família aprenda a utilizar o estresse a seu favor e encontre estratégias para que ele seja seu aliado ao longo do ciclo de vida familiar. O estresse é uma reação inevitável sim, mas a forma como as pessoas lidam com ele é aprendida. E quanto maior for o estresse vivenciado, maiores serão os recursos necessários para a família enfrentar essa situação. Por isso, desenvolver estratégias saudáveis de enfrentamento é imprescindível para a qualidade dos vínculos familiares.

Referências

ABREU, C. N. de. *Teoria do apego: fundamentos, pesquisas e implicações clínicas.* Belo Horizonte: Artesã Editora, 2019.

GONZALEZ, C. *Bésame mucho: como criar seus filhos com amor.* São Paulo: Editora Timo, 2015.

LIPP, M. E. N. *Manual do inventário de sintomas de stress para adultos de Lipp* (ISSL). São Paulo: Casa do Psicólogo, 2005.

LIPP, M. E. N. *Mecanismos neuropsicofisiológicos do stress: teoria e aplicações clínicas.* São Paulo: Casa do Psicólogo, 2010.

LIPP, M. E. N. *Sentimentos que causam stress: como lidar com eles.* Campinas: Papirus, 2009.

LIPP, M. E. N. Compreendendo o stress emocional. In: LIPP, M. E. N. & TRICOLI, V. A. C. *Relacionamentos interpessoais no século XXI e o stress emocional*. Novo Hamburgo: Sinopsys, 2014.

NELSEN, J.; BILL, K.; MARCHESE, J. *Disciplina positiva para pais ocupados: como equilibrar vida profissional e criação de filhos*. São Paulo: Manole, 2020.

ONU. Convenção sobre os Direitos da Criança – CDC, 1989. Disponível em: <https://www.unicef.org/brazil/convencao-sobre-os-direitos-da-crianca>. Acesso em: 16 dez. de 2021.

SIEGEL, D. J.; BRYSON, T. P. *O cérebro que diz sim: como criar filhos corajosos, curiosos e resilientes*. São Paulo: Planeta do Brasil, 2019.

22

O QUE ESPERAR DE NOSSAS CRIANÇAS

A tarefa de educar filhos e crianças em geral tem sido um desafio ao longo dos tempos. Cada região, continente, cidade e época têm suas características próprias de entender o desenvolvimento infantil, de ensinar e educar crianças. Neste texto, faremos um breve passeio pelos modos de educação infantil, entendendo cada vez mais que a educação baseada na gentileza, na qual ensina-se limites e convívio saudável em sociedade, produz adultos mais autoconfiantes, empáticos e resilientes para enfrentar o mundo, sempre tão cheio de desafios.

MARIA PAULA DUARTE DA SILVA

Maria Paula Duarte da Silva

Psicóloga graduada em 1988 pela Universidade do Vale do Rio dos Sinos – Unisinos (RS). Atuante na área clínica há 33 anos, com mais de mil casos atendidos na clínica particular, entre crianças, jovens e adultos, contabilizando mais de 42 mil horas trabalhadas até o presente momento. Entre as principais capacitações estão as especializações em Psicologia Hospitalar, Psicologia Familiar e capacitação em Atendimento Mediado por Tecnologias. Certificada para o Atendimento Mediado por Tecnologias pela Casa dos Insights (SP), com atendimentos virtuais em plataforma digital segura. Empresária e gestora de Recursos Humanos em empresa de automação industrial há 16 anos, realizando o acompanhamento de funcionários na gestão de conflitos interpessoais, auxiliando e administrando os comportamentos internos e potencializando o capital humano.

Contatos
mpaulapsico.com.br
mpaulasul@hotmail.com
Instagram: @mpaulapsico
51 99969 6924

Educar os filhos tem sido um desafio ao longo dos tempos. Muitas técnicas, algumas criadas instintivamente, outras baseadas em estudos e áreas especialmente dedicadas ao tema, como a psicologia, psiquiatria e pedagogia, são desenvolvidas para auxiliar pais e educadores na difícil, complexa e desafiadora tarefa de educar crianças e jovens.

Nunca se fez tão necessário que busquemos a educação baseada no respeito mútuo e na aquisição de habilidades emocionais e sociais, essenciais para o desenvolvimento de habilidades em nossos filhos e alunos, para que se tornem adultos confiantes e capazes, promovendo assim uma sociedade mais equilibrada emocionalmente, voltada para o bem viver social.

Essa tarefa não é nada fácil e os pais não recebem um "guia de instruções" quando o filho chega em suas vidas.

É fundamental estudar para entender o que se passa com a criança, como funciona o seu cérebro e, o mais importante: o que se passa com o adulto, pois nossas relações com os filhos são impactadas a todo instante, principalmente quando somos desafiados e arremessados para muito longe da nossa zona de conforto, uma vez que as relações com nossas crianças e jovens nos inquietam a todo instante, a cada etapa do desenvolvimento. E, por muitas vezes, isso é exaustivo.

Não raro, frente à angústia de criar um filho, muitos adultos relatam que foram educados com surra, palmadas e castigos e que isso não os transformou em pessoas complexadas ou incapacitadas para a vida. E isto pode ser verdade, pois os métodos educacionais sempre foram baseados em castigos e recompensas e nem por isso somos uma sociedade de desajustados. Este caminho já conhecido pode parecer, em um primeiro momento, ser o caminho mais lógico e mais rápido – "vamos educar como sempre se educou".

O que está em questão e que precisamos ter presente é o contexto em que essas maneiras de educar filhos se inserem. De fato, há algumas décadas não havia nenhum problema em castigar os filhos para que aprendessem bons modos e obedecessem. Assim era a educação, portanto, o certo, e toda uma geração foi criada dessa maneira. Hoje, é impensável defender esses meios de educar e isto porque o contexto social é outro, e outras ferramentas estão sendo estimuladas na educação parental.

Podemos ver em outras culturas formas bem distintas de educar filhos. Nos Estados Unidos, por exemplo, busca-se uma educação positiva. No Japão, o foco é comportamental. Já na França, é baseada nos castigos e recompensas. Cada nação procura educar suas crianças e adolescentes baseada em sua própria história; esta é a lógica que está por trás da educação em cada localidade.

A maneira como fomos educados não é mais a mesma, pois não nos permite desenvolver todas as nossas potencialidades, sem contar que ainda podemos ter prejuízos emocionais como baixa autoestima, depressão, ansiedade, timidez, entre outros.

Então, as perguntas que nos instigam como educadores parentais são: que crianças queremos criar? Que habilidades emocionais queremos promover em nossos filhos para que sejam pessoas autoconfiantes e capazes na condução de problemas e desafios em suas vidas?

A Disciplina Positiva, criada a partir das teorias humanistas de Alfred Adler e Rudolf Dreikurs, vem nos oferecer ferramentas essenciais para entendermos o que se passa nesta arena e encontrarmos soluções e pontos de conexão com nossas crianças e adolescentes.

É claro que não é uma tarefa fácil, muito pelo contrário, exige disponibilidade para ouvir a criança, ouvir a si próprio e, acima de tudo, aprender com a experiência.

Esta é a proposta de uma educação pensada, não reativa e, por isso, um desafio no qual temos que, constantemente, "estudar" o que está em jogo por trás de cada mau comportamento para promovermos mudanças efetivas e duradouras, pois vão formar crianças e futuros adultos com mais habilidades para enfrentar a vida, as frustações e encaminhar seus projetos com sucesso.

Uma das maiores dificuldades que escuto em minha clínica, no quesito relacionamento com filhos, é que os filhos não escutam, não são colaborativos, não se envolvem com as tarefas da casa, não obedecem etc. Os pais sentem como se estivessem em outro planeta, com total dificuldade de comunicação e conexão com seus filhos, principalmente na adolescência.

No entanto, também na infância, a dificuldade é de conseguir que a criança compreenda e aprenda como se portar nas situações sociais e a aquisição de hábitos rotineiros, como escovar os dentes, tomar banho, ir para a cama.

Para entendermos um pouco sobre o que acontece conosco quando chega uma criança em nossas vidas, vamos começar desde o início.

Quando nos tornamos pais, o bebê passa a ser nosso produto, fruto de muito orgulho e alimenta nosso narcisismo. Isto faz com que coloquemos nele toda nossa expectativa de perfeição.

Assim, à medida que nosso filho cresce, esperamos que ele seja um ícone de perfeição corroborando nossa fantasia. Isto traz muitas angústias aos pais. Queremos o melhor filho, o mais lindo e o mais bem-comportado. Esperamos inclusive que ele nos supere sendo melhores que nós e mais potentes. Mas não é isso que acontece.

A criança está em pleno desenvolvimento físico e emocional, o seu cérebro está em plena formação – e só vai estar totalmente formado lá pelos 24 anos de idade. Então, à medida que a criança explora o mundo ao seu redor, ela reage como pode e, muitas vezes, da pior forma que os pais poderiam esperar.

Por conta da inexperiência, da imaturidade cerebral e emocional, nossos filhos erram e fazem muitas "bobagens" e traquinagens. Mas os erros são uma excelente oportunidade para a aprendizagem. Da mesma forma, os erros que cometemos, nossa falta de paciência, nossos repentes de raiva e irritação, também podem ser excelentes oportunidades para revisar o que se passou e retomar com a criança, reconhecendo nosso erro, pedindo desculpa e organizando a situação causadora do estresse emocional.

Por isso, é extremamente importante conhecermos um pouco sobre desenvolvimento infantil e, principalmente, é preciso que os pais abandonem o encantamento pelo filho perfeito – seu fruto idealizado, e passe a enxergá-lo como um ser em desenvolvimento.

O convite que faço é para explorar este universo tão novo, encantador e desafiador que é o de criar e educar filhos.

Existem alguns elementos fundamentais para compreender e, consequentemente, educar as crianças. Precisamos saber o que esperar de cada idade de desenvolvimento. Não adianta esperar que a criança compreenda o que esperamos dela se ela ainda não tem condições de entender o que está em jogo.

As crianças têm temperamentos diferentes, não são todas iguais. Então, quando temos mais de um filho (ou quando comparamos nosso filho com os filhos de nossos amigos), a tarefa torna-se mais complexa, pois exige que saibamos ler cada filho a partir de seu temperamento. Uma conduta com um filho pode não funcionar tão bem com o outro. Essas diferenças e sutilezas comportamentais e de personalidade são importantes e devem ser levadas em consideração para nos conectarmos com cada criança efetivamente, respeitando as singularidades envolvidas.

Se perguntarmos aos pais quais as competências e habilidades que eles esperam que seus filhos devam ter para lidar com suas vidas a partir dos 24 ou 25 anos, período logo após a adolescência, muitos são os desejos, como ter sucesso profissional, fazer bons amigos, saber lidar com as dificuldades da vida, casar-se, ser feliz.

Considero uma boa maneira para nos orientarmos tomarmos como referência as seis competências fundamentais de vida, conforme coloca o psicólogo Luiz Hanns.

A primeira delas é a disposição e vontade de aprender. A base desta competência é a curiosidade. Para isso, é importante que estimulemos nossos filhos em sua exploração do mundo, desde muito pequenos. Sermos pacientes com a demora para entender as coisas, estimulá-los a construir suas teorias sobre as coisas e acontecimentos é um desafio que precisamos enfrentar. Isso deixa a criança mais segura para ir em busca de respostas e manter sua curiosidade em referência ao mundo. Dessa forma, a criança mantém sua vitalidade em relação ao que a vida lhe pede.

Outra competência é a autonomia. As crianças geralmente querem fazer as coisas sozinhas. Isso é muito importante, pois mostra o anseio por independência. A autonomia deve ser estimulada desde muito cedo, apesar de fazerem errado, devagar etc. Estimular as crianças a se vestirem, ajudar nas tarefas domésticas, entre tantas outras coisas, é fundamental para o desenvolvimento da autonomia e autoconfiança.

As capacidades interpessoais (inteligência emocional, diplomacia, negociação e empatia) são competências extremamente importantes. Somos seres sociais e estar em harmonia com os grupos de iguais (trabalho, família, amigos) é muito importante para o bom desenvolvimento pessoal. Aprender a se posicionar e se comunicar de forma eficiente promove uma maneira melhor de estar com outros em harmonia. Para isso, ajudar os filhos a lidarem com as brigas entre irmãos e colegas, ajudá-los a se colocar no lugar do outro, promover a oportunidade de acharem soluções para os conflitos são excelentes oportunidades para o desenvolvimento da empatia.

Resiliência é mais uma competência para o bom desenvolvimento infantil. Essa competência é desenvolvida principalmente quando a criança não tem medo de errar. Podemos oferecer como recurso para o desenvolvimento dessa competência o uso dos erros para mostrar aos filhos que estes são uma excelente oportunidade de aprendizagem. A prática é tentativa e erro, então o erro estará presente em nossas vidas e podemos aprender muito quando erramos. Assim, a criança entende que o mais importante é o que aprende com a experiência e não o erro em si. Educação baseada em castigo põe a ênfase no erro e as crianças podem responder a isto com medo e se tornarem pouco ousadas, desmotivadas e inseguras.

A tolerância à frustação também é uma habilidade e competência muito importante. Entender que a vida nem sempre nos apresenta o que esperamos é quase uma regra com a qual temos que conviver. Então, a flexibilidade e a busca por novos caminhos e estratégias são ferramentas que permitirão aos nossos filhos terem uma vida plena e não se sentirem paralisados frente às adversidades.

E, por fim, mas não menos importante, a análise e planejamento são outras competências que precisamos promover para o bom desenvolvimento de nossas crianças. Uma boa estratégia para trabalhar e desenvolver esta competência é o uso de mesadas. Essa estratégia pode ser explorada de muitas formas, na qual o planejamento do uso do dinheiro e economizar para adquirir algo de maior valor são fundamentais para aprender a renunciar a coisas imediatas para alcançar objetivos a médio e longo prazo. Os estudos também servem para trabalhar o planejamento quando ajudamos nossas crianças a perceberem que deixar de brincar para estudar para uma matéria específica vai permitir que a criança queira ter um resultado mais a médio prazo e se organize para brincar após os estudos, por exemplo.

Educar filhos é um desafio, mas também é uma viagem maravilhosa. A partir dessa relação de conexão, diálogo e aprendizagem, todos ganhamos.

Educar é aprender. Ao nos dispormos a desenvolver habilidades em nossos filhos, automaticamente desenvolveremos habilidades em nós também. Sempre temos o que aprender. A relação genuína com nossos filhos nos oferece oportunidades e momentos enriquecedores. O convite é para que embarquemos nesta jornada, pois é justamente a jornada que importa, é o caminho que vale a pena ser percorrido. O resultado é a consequência positiva dessas vivências tão enriquecedoras.

O mundo está em constantes mudanças e a maneira de educar também. Nunca precisamos tanto de pessoas autoconfiantes, empáticas e resilientes para construir um mundo melhor e mais humano.

Quanto mais conhecermos e desenvolvermos maneiras mais positivas (gentis e firmes) de educar nossas crianças, mais ofereceremos adultos equilibrados para as gerações futuras.

E é justamente isso que devemos esperar de nossas crianças: que se desenvolvam com habilidades emocionais suficientes para enfrentar os desafios que a vida apresenta e oferecer ao mundo o que este futuro adulto terá de melhor.

Vamos juntos?

Referências

CESTAROLI, A. et al. *Conectando pais e filhos.* Rio de Janeiro: Conquista. 2020.

HANNS, L. *A arte de dar limites.* São Paulo: Paralela, 2015.

NELSEN, J.; LOTT, L. *Disciplina Positiva.* Barueri: Manole, 2015.

NELSEN, J.; LOTT, L. *Disciplina Positiva para adolescentes.* Barueri: Manole, 2019.

23

DE REPENTE, PAIS

Neste capítulo, os pais entenderão sobre a importância de considerar que cada um possui sua história de vida, a qual deve ser respeitada e acolhida, salientando que toda essa bagagem irá influenciar na relação pais e filhos.

MICHELE GAMEIRO

Michele Gameiro

Mãe da Amábile e do João Pedro. Apaixonada e realizada com a missão da maternidade. Vive com o lema: "Permita-se florir". Psicóloga clínica. Especialista em Neuropsicologia e Psicopedagogia. Idealizadora dos grupos: *Pais Restaurados* e *Baú das Emoções*. Facilitadora do programa *Encorajando Pais* e coautora do *e-book Encorajando pais*. Ferramentas da Disciplina Positiva para educar filhos. Facilitadora do programa *Cultivando Equilíbrio nas 4 estações*. Coautora do *e-book Inteligência Emocional na prática* e coprodutora do curso on-line *Descomplicando Emoções*. Acredita que criar redes de apoio para os pais, com o objetivo de encorajá-los e orientá-los, fará grande diferença na vida de nossas crianças e adolescentes, tornando-os mais resilientes para enfrentarem os desafios da vida.

Contatos
michelegameiro@gmail.com
Instagram: @michelegameiropsi
Facebook: michelegameiropsi
47 99225 8324

Quando iniciamos um relacionamento afetivo e planejamos construir uma família, cada um traz consigo, na bagagem da vida, seus valores e crenças adquiridos ao longo de sua história. Os relacionamentos se fazem presentes desde muito cedo, em vários contextos da vida de uma pessoa, seja no âmbito familiar, social, educacional, organizacional, espiritual, meio ambiente, entre outros. Em cada relação somos uno, um indivíduo com vivências, memórias afetivas, traumas e necessidades, as quais precisam ser compreendidas por ambos.

Ao formarmos uma família, saímos de nossa individualidade para essa nova vivência, precisando de compreensão, maturidade, paciência e persistência de ambos, para que esse relacionamento sonhado vá se construindo de forma saudável e com comprometimento.

Nessa construção precisamos ter consciência, diálogo e cuidar da relação. É frequente encontrarmos dificuldades conjugais que estão relacionadas à estrutura familiar de origem de cada uma das partes, com padrões estabelecidos ao longo da vida e que foram trazidos para essa nova relação.

> *Quando as pessoas entram em um relacionamento, encontram um parceiro que é diferente delas e não sabem como lidar com as diferenças. Num bom relacionamento, elas desenvolvem essa capacidade, e à medida que o fazem, ambos crescem e o relacionamento se aprofunda. Mas, para que isso aconteça, é preciso que ambos sintam que estão do mesmo lado.*
> (DWECK, 2017, p. 174)

Na atividade a seguir, você é convidado a refletir e escrever seus pensamentos sobre cada tema exposto, que estão representados por uma mala de viagem. De que forma esses assuntos foram repassados enquanto você estava crescendo e que se tornaram valores importantes em sua vida? Reflita e procure descrever da melhor maneira sua bagagem pessoal.

Atividade desenvolvida por Lynn Lott – livros: *Conhecer-se é amar a si próprio* e *Autoconsciência, aceitação e o princípio do encorajamento.*

Quando percebemos esses valores temos maior chance de identificar as origens de discórdia e até mesmo conflitos no relacionamento.

Conforme Minuchin (1990) nos apresenta, "todo ser humano se vê como uma unidade, um todo, interagindo com outras unidades. Sabe que influi sobre o comportamento de outros indivíduos e que eles influenciam o seu".

Por vezes, essa relação conjugal ainda está em construção, o casal se conhecendo, entendendo as diferenças do outro e nesse caminho uma nova construção surge – a chegada de um bebê. E agora, o que fazer com esse terceiro na relação?

Transição da conjugalidade para a parentalidade

A partir do nascimento do filho, uma nova dinâmica familiar se constrói e a rotina sofre modificações, ocorrendo a transição da conjugalidade para a parentalidade, quando ocorre uma redistribuição de novos papéis (o do pai e da mãe), das atividades e do tempo. Como viver os papéis de forma que cada um entenda e respeite sua singularidade?

> *O subsistema conjugal é vital para o crescimento dos filhos. Constitui seu modelo para relações íntimas, como se expressam nas interações cotidianas. No subsistema conjugal, a criança vê meios de expressar afeto, de se relacionar com um parceiro em dificuldades e de lidar com o conflito com iguais. O que ela vê se tornará parte de seus valores e expectativas, quando entrar em contato com o mundo exterior.*
> (MINUCHIN, 1990, p. 27)

Precisamos nos conhecer e entender o funcionamento do casal, da família e sobre desenvolvimento infantil para educar um filho. Por isso, a importância e necessidade de estudar, de se preparar para se acolherem e acolher o seu descendente. Com a oportunidade de os pais olharem para si, identificarem suas necessidades, histórias de vida e aprenderem sobre a família de origem, poderão compreender a importância do diálogo entre o casal, do espaço para o desenvolvimento do filho e assim poder acolher e respeitar as inseguranças, medos e desenvolvimento de angústias que aparecem durante o processo de construção do papel de pais.

Perceber e aceitar as necessidades e limitações pessoais no papel de pai e mãe, irá ajudar no amadurecimento e relacionamento com os filhos. É entender que muito do que acontece em relação às nossas reações para com os filhos diz muito de nossas raízes emocionais. Por isso a importância de vivenciar essa relação com comprometimento e investimento de todos os lados.

> *Comprometimento exige o investimento de tempo e energia. Isso significa sentar com nossos filhos e tentar entender seus mundos, seus interesses e suas histórias. Pais engajados e plenos podem ser achados em ambos os lados do polêmico debate sobre a criação dos filhos. Eles vêm de tradições e culturas diferentes e defendem valores distintos. O que têm em comum é colocarem em prática os seus valores e adotarem a seguinte postura: "Eu não sou perfeito e não estou sempre certo, mas estou aqui, aberto, prestando atenção, amando-o e estando completamente presente".*
> (BROWN, 2016, p. 177)

Quando os pais percebem que a educação tão sonhada e idealizada para dar a seus filhos não está sendo efetiva, gera o sentimento de impotência, desgaste em ambos, resultando no prejuízo de pais e filhos.

Costumo dizer aos pais: Vocês irão errar muito, mas irão acertar muito mais. E nós estamos diariamente aprendendo a ser pai e mãe. Então: PERMITAM-SE errar também, a serem pais reais.

Um olhar amoroso para si e para as mudanças de ciclo

O autoconhecimento é fundamental e necessário, pois é a partir do desenvolvimento desse processo, da autoaceitação, que vamos conseguir aceitar o outro, pois como indivíduo único e singular, cada um tem suas vivências pessoais distintas e que como casal e pais cria-se uma nova unidade.

As transições e mudanças de ciclos geram estresse e com a chegada dos filhos, um novo arranjo acontece com o casal e no ambiente e estes por não saberem conduzir, se cobram pelas tarefas domésticas, educação dos filhos, dificuldades financeiras, entre outros, e esquecem de olhar para si, para a relação e do que é importante para os cônjuges e até as responsabilidades que ampliaram e por isso é necessário compartilhar.

> *Transações específicas com outras pessoas trazem à tona e reforçam aqueles aspectos da personalidade individual que são apropriados para o contexto.*
> *O indivíduo, por sua vez, afeta a outra pessoa, que interage com ele de certos modos, porque suas respostas eliciaram e reforçaram as respostas deles.*
> *Há um processo contínuo e circular de influxo e reforço recíprocos, que tendem a manter um padrão fixo. Ao mesmo tempo, ambos, indivíduo e contexto, têm a capacidade para flexibilidade e mudança.*
> (MINUCHIN, 1990, p. 24)

É necessário, em conjunto, caminhar na mesma direção, tendo em vista uma educação que gere mais firmeza e gentileza por igual. Nesse sentido, a **Disciplina Positiva**, que é uma metodologia com abordagem socioemocional fundamentada em respeito mútuo e cooperação, possui ferramentas assertivas relacionadas para a criação de hábitos saudáveis e positivos, tais como:

- **Programar reuniões regulares de casal** – Quando falamos em reunião, para muitos vem a lembrança de algo formal. Aqui a proposta é de que o casal programe regularmente essas reuniões para que possam ter esse momento para criar vínculo e estratégias para resolução de dificuldades e conflitos, a fim de evitar que problemas e ressentimentos se acumulem, quer entre o casal ou na família.
- **Fazer acordos antecipadamente, negociar trabalho** – Muitos conflitos surgem no momento de divisão das responsabilidades para com os filhos e relacionados às tarefas domésticas. Realizar um acordo prévio evitará muitas discussões desnecessárias e sentimentos de mágoa. Por vezes, um cônjuge se sente desconfortável em realizar determinada tarefa de casa. Nesse momento, entender esse desconforto é pensar em outras tarefas que o cônjuge conseguirá realizar. Enquanto casal, quando conseguimos fazer esses acordos, ensinamos nossos filhos que é possível flexibilizar e mudar. Não esquecendo que nesses acordos e negociações é necessário que as crianças também recebam as tarefas apropriadas para cada idade, pois a cooperação é uma das habilidades que os pais ensinam para os filhos.
- **Equilibrar gentileza com firmeza** – Este é um dos desafios percebidos na educação dos filhos – a busca por esse equilíbrio. Existe a extremidade do ser muito gentil ou muito firme e os polos não são saudáveis para uma educação consciente. Nesse item é importante cada um se perguntar: "Estou respeitando as minhas necessidades enquanto indivíduo?" "Como me sinto em relação a essa situação?" Essas perguntas levam a refletir enquanto partes do casal e como pai e mãe. "Sempre honre a si mesmo e ao outro ao mesmo tempo", regra importante na Disciplina Positiva.
- **Realizar a pausa positiva para casais** – Enquanto adulto, muitos pensam que precisam resolver os conflitos no momento em que surgem. Precisamos entender que assim como a criança precisa do seu momento de "pausa positiva" (uma das estratégias da Disciplina Positiva ensinada aos pais para trabalhar com seus filhos), os pais também precisam. Dessa forma, enquanto estiverem naquele momento de raiva e irritação, poderão recorrer a esse espaço para se acalmarem, ensinando assim uma valiosa habilidade de vida para seus filhos: refletir sobre uma situação que lhe causou desconforto e buscar estratégias para resolvê-la, respeitando primeiramente o que está sentindo.

Ser uma mãe ou um pai perfeito não é meta. Na verdade, os melhores presentes – os melhores instantes de ensinamento – acontecem naqueles momentos imperfeitos em que permitimos que os filhos nos ajudem a diminuir a lacuna de valores.
(BROWN, 2016, p. 176)

O casal precisa entender que para fortalecer a relação conjugal e parental é necessário respeitar a individualidade de todos e que quando aceitamos e acolhemos nossa história, entendemos que ela está atrelada à forma como exerceremos a nossa parentalidade.

De acordo com Minuchin (1990, p. 26), "[...]sempre existirão pontos de atrito, e o sistema deverá adaptar-se para fazer frente a demandas contextuais modificadas. Porém, em algum momento, a transação dos cônjuges terá desenvolvido uma estrutura básica."

A importância de buscar orientação e apoio relacionados aos conflitos conjugais é necessária, pois, possivelmente, é nesses conflitos que se encontram as dificuldades vivenciadas na relação parental.

Encorajar-se para assumir a nossa melhor versão

No consultório atendo muitos pais que chegam desencorajados, com grande sentimento de culpa, achando que não são bons pais. É preciso se encorajar para assumir a paternidade e a maternidade.

Encorajamento vem da palavra "coragem": COR, de coração, e AGEM, de agir, ou seja: ter coragem é agir com o coração, é assumir a nossa melhor versão. Para o psiquiatra e educador Rudolf Dreikurs, o encorajamento é a habilidade mais importante que um adulto deve aprender para ajudar as crianças e os adolescentes.

Pais, os convido para uma breve reflexão: O que o encoraja? O que o desencoraja? Quando foi desencorajado, qual foi a decisão que tomou em relação à sua pessoa?

Não podemos falar de pais sem falar do casal. Eles querem o melhor para seus filhos e por mais que tenham dificuldades na educação, é importante que se acolham como indivíduo único.

Busquem se encorajar nesse bonito papel da paternidade e maternidade, achar essa coragem que carregam dentro de vocês. Não desistam! O primeiro passo é entender que precisamos fazer as pazes, respeitar e acolher a nossa história. Ela tem um sentido e significado, a qual cada um viverá com base naquilo que é seu, sua subjetividade.

Para trabalharmos nossa história de vida gosto de fazer associação com a seguinte frase do escritor Albert Camus: "No meio do inverno, descobri que havia em mim um verão invencível." E para conhecer esse verão invencível, é preciso PERMITIR-SE.

Referências

BROWN, B. *A coragem de ser imperfeito: como aceitar a própria vulnerabilidade, vencer a vergonha e ousar ser quem você é*. Trad. Joel Macedo. Rio de Janeiro: Sextante, 2016.

CESTAROLI, A. Curso *Encorajando Pais*. Aula bônus com Tatiana Spalding Perez – Transição da conjugalidade para a parentalidade. 2021.

DWECK, C. S. *Mindset: a nova psicologia do sucesso*. Trad. S. Duarte. São Paulo: Objetiva, 2017.

LOTT, L.; KENTZ, M.; WEST, D. *Conhecer-se é amar a si próprio: exercícios para desenvolver a autoconsciência e para realizar mudanças positivas e encorajadoras*. Tradução: Fernanda Lee e Lídia Lino Rezende. Barueri: Manole, 2019.

LOTT, L.; MENDENHALL, B. *Autoconsciência, aceitação e o princípio do encorajamento: pensar, sentir e agir como uma nova pessoa em apenas 8 semanas*. Tradução: Fernanda Lee e Fabiana Nogueira Neves. Barueri: Manole, 2019.

MINUCHIN, S.; FISHMAN, H. C. *Técnicas de terapia familiar*. Tradução: Claudinei Kinsch e Maria Efigênia F. R. Maia. Porto Alegre: Artes médicas, 1990.

NELSEN, J.; BILL, K.; MARCHESE, J. *Disciplina Positiva para pais ocupados*. Tradução: Adriana Silva Fernandes e Fabiana Nogueira Neves. Barueri: Manole, 2020.

24

ERROS COMO OPORTUNIDADE DE APRENDIZADO

Neste capítulo, falaremos sobre como os pais e responsáveis podem agir diante dos erros, desconstruindo algumas crenças, quebrando alguns paradigmas, compreendendo que erros fazem parte da vida e que todo aprendizado se inicia por nós. Quando enxergamos o erro por outro ângulo, é possível gerar conexão, fortalecimento e saúde no seio familiar, proporcionando aprendizado, crescimento e desenvolvendo, em nossos filhos, habilidades para a vida.

NELSILENE FERREIRA

Nelsilene Ferreira

Psicóloga (CRP 03/18243) graduada pela Uninassau (2018) com pós-graduação em Docência do Ensino Superior (Facei), habilitada em Terapia Cognitivo-comportamental, autismo (Academia do Autismo); orientadora parental; facilitadora do programa *Encorajando Pais*. Sou casada com o professor Pedro Rocha, mãe do adolescente Pedro Filho; atuo como psicóloga clínica, escolar, orientadora parental e palestrante. Faço atendimentos on-line e presencial ao público infantojuvenil, aos pais de forma individual e grupal. Idealizadora do *Conectar Pais e Filhos*.

Minha missão é contribuir, apoiar e orientar os pais a desenvolverem habilidades parentais para que possam educar seus filhos, gerando conexões para fortalecerem suas relações de forma respeitosa, gentil e firme.

Contatos
nelsileneferreira.psi@gmail.com
Instagram: @conectarpaisefilhos
Facebook: www.facebook.com/nelsileneferreira
Telegram: @conectarpaisefilhos
YouTube: Conectar pais e filhos
71 98651 0568

> *Quando os adultos assumem responsabilidades pelo que fazem, as crianças geralmente querem seguir o exemplo e assumir sua parte da responsabilidade.*
> JANE NELSEN

Alguns pais ou responsáveis se perguntam: como lidar com os erros dos filhos? Muitas vezes, os pais agem de forma inconsciente, colocando a criança de castigo, punindo, gritando e humilhando por ter cometido algum erro e, depois, por terem agido assim, se culpam, buscando encontrar nas crianças uma perfeição que não existe nem mesmo nos adultos. Quantos pais ou responsáveis não gostariam de obter ferramentas que ajudam na educação dos filhos neste quesito "erros" e desenvolver neles responsabilidades, autoconfiança, autoestima, autonomia, além de ajudá-lo para o futuro?

Diante de alguns questionamentos, é importante aprender a lidar com os comportamentos desafiadores que eles apresentarão ao longo do seu desenvolvimento e, a partir disso, ensiná-los, buscando uma forma adequada para orientá-los e conduzi-los ao desejado de maneira mais saudável e assertiva. No entanto, é necessário reconhecer que a nossa intuição paterna e o que recebemos dos nossos pais não são suficientes para tornar a convivência parental tão eficaz. Mas este não é o único caminho, é preciso avançar um pouco mais. Diante disso, destaco fatores importantes: eventos e processos. O processo exerce um papel fundamental e é um elemento principal para a consolidação desta estrutura. Veja o exemplo a seguir.

Imagine os pais perante a notícia de que terão um bebê, independentemente do seu desejo ou planejamento. De acordo com a sua realidade, o casal constrói um ambiente adequado para recebê-lo, organiza o enxoval, arruma o quartinho e, quando a criança nasce, recebe-a com muito amor, carinhos e oferece o melhor. O nascimento da criança caracteriza o evento, o que para muitos é um dos momentos mais especiais de suas vidas ou talvez o mais especial. Já o processo, tem início após o parto e é desenhado ao longo do caminho dos pais junto aos filhos, mediante a educação que será oferecida, assertiva ou não. Isso é o que vai definir o final do processo de construção para a educação e desenvolvimento dos filhos.

É no processo que construímos bases sólidas para que haja conexão e uma relação saudável na forma de pensar, desenvolvendo a consciência respaldada na empatia, no respeito mútuo, na compreensão e, paralelamente a isso, crescer em amor e com amor. Uma vez desenvolvida esta conexão, é alcançada uma maturidade que conduz para uma educação gentil e firme, que alicerça nossos filhos para adquirirem habilidades para a vida. Não existe uma receita pronta, nem uma varinha mágica, tampouco um método infalível para tal objetivo. A caminhada para educar nossos filhos terá erros, acertos e a busca por melhorias. Erraremos muito, mas aprenderemos com eles e, muitas vezes, mesmo sabendo o que fazer, ainda assim vamos errar. É neste momento que devemos aplicar os processos aprendidos e ter uma visão de futuro saudável para nós e nossos filhos.

Quero ressaltar que cada criança, cada adolescente é único, cada um apresenta desejos e necessidades diferentes e por isso é necessário reafirmar um caminho de persistência. Vamos imaginar esse caminho a percorrer como uma pista de corrida na qual o vencedor não é quem vai chegar primeiro, mas quem for até o final. Precisamos confiar e acreditar, dar o melhor que pudermos para a educação dos nossos filhos, nos comprometer em deixar um legado de coragem, segurança, respeito e amor. No caminho, contaremos com o que temos de mais valioso: "o tempo". Existe um tempo limite para educarmos nossos filhos. Precisamos entender que eles têm o seu tempo para darem respostas, para serem bebês, crianças e adolescentes e, assim como nós, também passam por processos.

Nossos filhos são como sementes que precisam de um solo saudável para converter-se em planta e precisam de cuidados. Eles são preciosos, são nossos maiores empreendimentos. Tudo aquilo que valorizamos, a que nos dedicamos, vemos resultados positivos e colhemos frutos de transformação. Para isso acontecer, é necessário que a mudança comece por nós, no entanto, carregamos muitas crenças e aprendizados da educação que recebemos na nossa infância, reproduzimos para nossos filhos de forma inconsciente e até mesmo consciente. Muitas vezes nos sentimos desqualificados e despreparados para exercer esta missão.

À medida que eles crescem, percebemos que reproduzir os padrões geracionais herdados de nossos pais não é tão eficaz. Também não basta apenas o instinto materno, ele pode até contribuir para reconhecimento do choro do bebê, para acolher e suprir as necessidades básicas dos nossos filhos, porém, quando eles vão avançando, passamos a identificar comportamentos desafiadores. Nesse processo, algumas vezes os pais têm dúvidas sobre como corrigir, conduzir e ser mais assertivo na disciplina dos filhos. É necessário compreender que crianças e adolescentes vão se apresentar e se comportar com base em seu marco de desenvolvimento, mas olhamos para esses comportamentos como inadequados. Diante dos desafios, é fundamental entender o que eles querem comunicar e compreender qual necessidade está por trás de cada comportamento. Com isso, evitamos exigir que nossos filhos tenham controle de seus comportamentos, de suas emoções, que deem conta de fazerem as coisas "corretas", exigindo até mesmo perfeição, sem antes ensiná-los, orientá-los e/ou acompanhá-los.

Será mesmo que somos perfeitos em tudo que fazemos, a ponto de exigirmos isso dos nossos filhos? Claro que não! Tem um ditado popular que diz "errar é humano". Para nossos filhos aprenderem com os erros, eles precisam se sentir bem e seguros. Você já viu ou ouviu alguém agir melhor se sentindo pior antes? Acredito que ninguém vai aprender alguma coisa sentindo-se péssimo; quando isso acontece, provocamos perdas no processo de desenvolvimento, tal como a autoconfiança, autoestima, dentre outras áreas voltadas para as questões socioemocionais.

Os pais precisam oferecer o suporte necessário, aproveitando os momentos do dia a dia, criando oportunidades para cada um compartilhar seus erros, a fim de apresentarem seus potenciais. Quando focamos no erro, perdemos a oportunidade de focar em soluções. Tudo começa com os pais. Nossos filhos se moldam aos nossos padrões, por isso não devemos hesitar em reconhecer os erros, gerando conexão e estimulando o relacionamento entre todos, proporcionando mais felicidade, saúde e harmonia na família.

Nesse sentido, ao invés de julgar, punir, ignorar o comportamento das crianças e dos adolescentes, convido você a fazer perguntas do tipo "Percebi que ocorreu algo de errado, posso te ajudar?", "Você errou, o que podemos aprender com isso?", "O que podemos fazer para melhorar na próxima vez?", "Como podemos resolver este problema?". Dessa forma, inspiramos pontos de melhorias e abrimos espaço de fala e confiança para nossos filhos, podendo ser exemplo para eles também.

Os pais são responsáveis pela maioria dos erros que as crianças cometem, por isso devem encorajá-los e ensiná-los. Segundo Rudolf Dreikurs "A criança é uma excelente observadora, mas uma péssima intérprete". O ideal é desconstruirmos os pensamentos negativos a respeito dos erros, e nos permitir ser exemplo de imperfeição. A ideia aqui não é induzir ao erro ou sair por aí errando de forma consciente.

O fato é que eles existem, e não é porque somos pais e responsáveis que teremos respostas para tudo e que não podemos reconhecer nossas fraquezas e limitações. Esconder os erros só nos coloca em situações difíceis e admiti-los, pedir desculpas e buscar soluções para repará-los nos torna pessoas autênticas, confiáveis e mais próximas do que é humano. É muito mais saudável trazer a consciência de que não existem pessoas perfeitas no mundo e ajudar nossos filhos a mudarem essas concepções sobre o erro, atribuindo valores a isso.

A disciplina positiva traz uma ferramenta que pode nos ajudar na reparação de erros – os quatro "Rs" da reparação dos erros:

- Reconhecimento – "Ops! Cometi um erro!". Significa abrir consciência de que você cometeu um erro. Não é útil se ver como um fracassado, se sentir culpado e envergonhado, mas sim perceber que o que você fez foi ineficaz.
- Responsabilidade – significa perceber que papel você desempenhou no erro (talvez você tenha convidado seu filho à rebeldia e o tenha desencorajado de alguma forma) e estará disposto a fazer algo a respeito.
- Reconciliação – significa pedir desculpas ao seu filho, dizer que sente muito por tê-lo desrespeitado ou magoado de alguma forma. Quando cometemos um erro é importante pedir desculpas. "Eu peço desculpas". Perceba o quanto as crianças são rápidas em dizer "Tudo bem" quando pedimos desculpas, elas são mais humanas.
- Resolução – significa trabalhar junto com seu filho para chegarem a uma solução satisfatória, na qual ambos vão procurar uma maneira para corrigirem o erro. É importante solucionar o problema em conjunto. "Vamos trabalhar em soluções juntos".

A ferramenta dos quatro "Rs" contribui para construir um ambiente familiar com estímulos favoráveis a resolver conflitos, focando nas soluções dos problemas, reparando erros, possibilitando que tanto nós, os pais, quanto os filhos nos tornemos responsáveis por nossas ações, reconhecendo cada um a sua parcela na situação-problema, sem críticas, sem julgamentos e sem punições.

Ambos se responsabilizam pelo que fizeram e, assim, nenhuma das partes precisa assumir a parcela total. Veja no exemplo a seguir como usar a ferramenta dos quatro "Rs": imagine uma situação na qual você gritou ou falou algo que não deveria com alguém que pode ser o seu filho. Primeiro temos que reconhecer o erro e pedir desculpas na tentativa de se reconciliar. Nesse momento, você gerou uma conexão e a partir disso você foca na solução juntos. Em seguida, pergunte sobre o que pode ser feito na próxima vez que isso acontecer (o ideal é se esforçar para não repetir o erro). E, em caso de ter sido a outra pessoa que gritou ou falou o que não deveria, você pode fazê-la pensar no que gostaria que ela fizesse.

É muito importante sermos os primeiros a reconhecer os erros, sendo empáticos, compreensivos e bons ouvintes. Quero ressaltar que devemos nos fazer presentes nessa escuta e respeitar a outra parte caso não consiga conversar ou aceitar suas desculpas. Caso isso aconteça, não desista do processo, precisamos oferecer o tempo necessário para nos colocarmos à disposição, sendo humildes para retomar os quatro "Rs". Os pais são a transformação que desejam ver nos filhos. Tudo começa por você!

Interessante como tudo isto é respeitoso. Entenda, não erramos propositalmente, precisamos aprender a lidar e solucionar problemas de forma saudável. Convivemos com pessoas e nós vamos errar, isto é fato. Esse processo contribui para a abertura de uma comunicação efetiva e afetiva para evolução e desenvolvimento das relações, oferecendo uma estrutura mais consistente para o sucesso dos nossos filhos.

Ao errarem, os filhos aprendem habilidades para a vida, tornando-os corajosos, capazes de reconhecer seus erros, de lidar com os conflitos, assumirem responsabilidades e solucionarem problemas, a fim de não precisar viver o desafio de serem reeducados na fase adulta. Costumo dizer que o maior desafio não é educar ou construir a criança, o maior desafio é reeducar e reconstruir o adulto que a criança se tornou.

Aproveite, coloque em prática esse conhecimento e viva o resultado brilhante na vida adulta do seu filho. Lembre-se, tudo isso vai passar. Seu filho se tornará um adulto e você terá mais tempo para você, na certeza de que se esforçou e se dedicou para fazer um lindo trabalho e que contribuiu para deixar no mundo um ser humano incrível e capaz de produzir bons frutos. Viva cada fase do seu filho com paciência e gratidão, fazendo-se presente, sem deixar passar uma oportunidade sequer para construir juntos os melhores momentos na vida de vocês.

Referências

BROW, B. *A coragem de ser imperfeito*. Tradução: Joel Macedo; Rio de Janeiro: Sextante, 2016.

NELSEN, J. *Disciplina positiva*. Tradução: Bernadette Pereira Rodrigues e Samantha Schereier Susyn. 3. ed. Barueri: Manole, 2015.

NELSEN, J.; FOSTER, S.; RAPHAEL, A. *Disciplina Positiva para crianças com deficiência: como criar e ensinar todas as crianças a se tornarem resilientes, responsáveis e respeitosas*. Tradução: Fernanda Lee e Adriana Silva Fernandes. Barueri: Manole, 2019.

NELSEN, J.; LOTT, L. *Disciplina Positiva para adolescentes: uma abordagem gentil e firme na educação dos filhos*. Tradução: Bete P. Rodrigues, Ruymara Teixeira de Almeida. 3.ed. Barueri: Manole, 2019.

NELSEN, J.; LOTT, L.; GLEEN, S. *Disciplina positiva de A a Z: 1001 soluções para os desafios da parentalidade*. Tradução: Bete P. Rodrigues; Ruymara Teixeira. 3. ed. rev. e atual. Barueri: Manole, 2020.

SIEGEL, D.; BRYSON, T. *O cérebro da criança: 12 estratégias revolucionárias para nutrir a mente em desenvolvimento do seu filho e ajudar sua família a prosperar*. Tradução: Cássia Zanon. São Paulo: nVersos, 2015.

A IMPORTÂNCIA DO BRINCAR

O ato de brincar ainda não é visto pela população como algo fundamental ao desenvolvimento infantil, sendo considerado apenas mais uma forma de se divertir e passar o tempo. Somente 19% dos brasileiros acreditam que brincar e passear são atividades importantes para a criança de até 3 anos. E, para 26%, é o pai quem deve assumir as brincadeiras de contato com a criança, como pega-pega e cavalinho.

PATRICIA ROCHA BUSNARDO

Patricia Rocha Busnardo

Mãe da Ana Maria; psicóloga formada na UNORP (S.J.Rio Preto); pós-graduada em Psicopedagogia e Gestão de Pessoas; educadora parental em Disciplina Positiva, certificada pela Positive Discipline Association (PDA/USA); facilitadora do programa *Encorajando Pais*; trabalha como psicóloga e psicopedagoga clínica, com atendimento a crianças, adolescentes e orientações de pais.

Contatos
www.patriciabusnardo.com.br
patriciabusnardo.psicologa@gmail.com
11 98802 0472

> *É na brincadeira que a criança encontra sentido para a vida, é nela que as coisas se transformam e são construídas de muitos modos e repetidas tantas vezes quanto a criança quiser.*
> (Lino Macedo)

Quando foi a ultima vez que você brincou?

Qual era a sua brincadeira preferida na infância?
Provavelmente, você já foi astronauta, herói, dentista, fez comidinhas maravilhosas, viajou o mundo, enfrentou perigos e deu muita, mas muita risada! Hoje, essas brincadeiras são incríveis memórias carregadas de lembranças da sua família, dos amigos, dos locais onde brincava, e despertam sentimentos maravilhosos.

Mais do que boas lembranças, as brincadeiras na infância são um ato extremamente valioso para o desenvolvimento infantil.

No dicionário, o significado de brincadeira é a ação de brincar, divertir, entreter, distrair.

Winnicott considera a criança em processo contínuo de constituir-se sujeito em um corpo que se desenvolve, amadurece e cresce em inter-relação permanente com o ambiente. Em sua teoria explicita que pelo **brincar** a criança se apropria de experiências com e através de um espaço situado entre o real e a fantasia.

O brincar representa para a criança uma linguagem própria de conexão com o mundo e a chance de desenvolver habilidades essenciais para um desenvolvimento integral.

Sabemos que a criança é um ser em desenvolvimento em todos os seus aspectos: físicos, emocionais, cognitivos, entre outros. Atualmente, sabemos a importância da interação para o aprendizado de novos conhecimentos, de uma maneira significativa, porém, nem sempre foi assim. Mais precisamente nos séculos XIV, XV e XVI, as crianças eram vistas como "adultos em miniatura", com os mesmos direitos e deveres.

As crianças nessa época aprendiam observando os adultos nas tarefas comuns. Hoje em dia, sabemos que esse olhar sobre a infância mudou. Sabemos que ela interage de modo diferente dos adultos e possui seu próprio espaço na sociedade.

O momento da brincadeira é uma oportunidade de desenvolvimento para a criança. Por meio da brincadeira, ela aprende, experimenta o mundo, possibilidades, relações sociais, elabora sua autonomia de ação e organiza emoções.

O brincar desenvolve também o aprendizado da linguagem e a habilidade motora. É uma forma de a criança se expressar, já que é uma circunstância favorável para manifestar seus sentimentos e desprazeres. Assim, o brinquedo passa a ser a linguagem da criança.

Muitas vezes, os pais não permitem que o filho passe por todas as etapas do seu desenvolvimento, e fazem isso quando impedem as brincadeiras, exigem organização, por acharem que estão contribuindo para a maturidade da criança, quanto à aquisição de alguns comportamentos, por exemplo, o de limpeza. A imposição exaustiva de tarefas e as incompatibilidades de horários da família são outros fatores que podem impedir as brincadeiras livres.

O brincar é a linguagem central e inerente da infância. Não existe uma criança que não saiba brincar, isso faz parte do desenvolvimento dela. É onde ela expressa sua subjetividade, cria hipóteses, aprende a negociar e exercita a capacidade criativa. O ato de brincar representa o gesto primordial de exploração do mundo e do conhecimento do outro.

Atualmente, o brincar é uma função obrigatória e é direito da criança, garantido pelo artigo n. 16 do Estatuto da Criança e do Adolescente, que prevê o direito à liberdade, brincadeira e práticas esportivas, bem como pela Constituição Federal de 1988.

Ao brincar, a criança ultrapassa a realidade, transformando-a por meio da imaginação. A brincadeira é uma das formas encontradas para expressar sentimentos e desejos. Os adultos podem estimular a imaginação das crianças, despertando ideias, questionando-as e incentivando para que elas mesmas encontrem as soluções para os problemas que possam surgir.

Brincar com a criança reforça os laços afetivos e eleva o nível de interesse dela com a brincadeira, estimulando ainda mais a sua imaginação.

Para Wajskop (2012), a brincadeira na infância é uma atividade que as crianças podem praticar sozinhas ou em grupo, e existem alguns critérios para definir essa atividade, como podemos citar:

- A criança pode assumir várias personalidades, representando diferentes papéis como se fosse um adulto, um animal, um objeto, outra criança etc.;
- A criança pode atribuir diferentes significados a objetos, daqueles que possuem normalmente;
- Sempre existe uma situação imaginária;
- As regras que constituem a brincadeira devem ser respeitadas;
- As crianças realizam ações que representam as interações, os sentimentos e conhecimentos presentes na sociedade na qual vivem.

O brincar é de fato muito importante na infância.

Valorizar isso é saber construir o imaginário, trabalhar as emoções e saber lidar com os sentimentos. Ele desenvolve a capacidade da memória, da percepção, da atenção, do reconhecimento espaço-temporal.

Quando começamos a brincar com a criança?

Desde sempre. Com o bebê, brincamos com o nosso tom de voz e com o toque no corpo. Conforme ele vai crescendo, damos novas oportunidades para essa criança brincar e experimentar o mundo. A melhor forma de experimentar o mundo é por meio da brincadeira. Ao brincar, a criança se relaciona com o outro e conhece os limites do outro.

Por que brincar é um direito da criança, e qual é a sua importância?

Brincar é uma necessidade para o desenvolvimento da criança. Sendo assim, é o direito que ela tem, inclusive consta no Estatuto da Criança e do Adolescente, no Artigo n. 16. A maioria das pessoas pensa que a criança brinca apenas para se distrair e ter prazer, mas a brincadeira é necessidade, pois, de acordo com a idade da criança, a brincadeira evolui e a própria relação da criança com o adulto muda. Vemos que a brincadeira do bebezinho é uma e quando a criança começa a andar é outra. Na fase que começa a imaginar e pensar, entra a brincadeira de faz de conta, que é muito importante.

Ter tempo para brincar, socializar e olhar as crianças com os olhos de criança, sem pressões e exigências é imprescindível. Brincar é a maneira mais segura de a criança expressar suas emoções, de refletir e explorar sobre sua realidade, experimentar diversos papéis no qual pode ser tudo o que quiser. É durante o brincar que a criança se desenvolve, evolui e consegue construir a sua capacidade de memorizar, imitar, criar e formar sua personalidade e afetividade.

Piaget (1978) diz que a atividade lúdica é o berço obrigatório das atividades intelectuais da criança. Não são apenas uma forma de desafogo ou entretenimento para gastar a energia das crianças, mas meios que contribuem e enriquecem o desenvolvimento intelectual.

Eu preciso comprar mais brinquedos para as crianças?

O ato de brincar não deve estar relacionado à aquisição de novos brinquedos.

Começamos a brincar ainda bebês, na fase em que estamos descobrindo e explorando o próprio corpo. Quando começamos a desenvolver novos estímulos, essa brincadeira vai evoluindo para a repetição de comportamentos simples, jogos de construção, "faz de conta", até que passamos a responder a jogos mais formais, estruturados e com regras.

Objetos simples, que fazem parte do cotidiano da família, quando usados de forma lúdica, podem proporcionar para as crianças a possibilidade de seu desenvolvimento e estimulação da criatividade. Além disso, o contato com a natureza, ou atividades como pintar, desenhar, inventar histórias, correr, saltar, além de entreter as crianças, estimulam a mente e o corpo.

Brincadeiras para cada fase do desenvolvimento infantil

Na primeira infância, entre 0 e 2 anos, as brincadeiras começam com o intuito de estimular e integrar a criança aos poucos ao mundo social, adquirindo habilidades psicomotoras.

Entre 2 e 4 anos, as brincadeiras exigem coordenação motora e percepção de espaço.

Entre 5 e 6 anos, a criança desenvolve a capacidade de criar algo que possa oferecer ao outro, criar situações, desenhos, personagens.

Dos 7 aos 10 anos, a criança está em idade escolar avançada e, por isso, o brincar para aprender é o melhor caminho.

Dos 10 aos 12 anos, a criança percebe que a regra é uma imposição e as atividades vão ficando ainda melhores, pois existe a interação com amigos e familiares.

A criança tem na brincadeira que faz com outra criança ou sozinha oportunidade para usar seus recursos para explorar o mundo, ampliar sua percepção sobre ele e sobre si mesma, organizar seu pensamento e trabalhar seus afetos, sua capacidade de ter iniciativa e ser sensível a cada situação.

Passa grande parte do seu tempo brincando e, assim, desenvolve e refina suas habilidades. O brincar permeia toda a sua infância.

Entender o brincar como ocupação é entendê-lo como necessidade humana básica, experiência singular para cada criança.

Por meio do brincar, a criança reproduz o cotidiano, suas fantasias, suas alegrias, seus medos. Ela é ativa, constrói memórias e percepções. Brincar é o momento mais completo para o desenvolvimento infantil.

Muitas famílias não passam tempo suficiente fazendo coisas divertidas com seus filhos. Você já brincou com seu filho hoje? Ainda não? Então comece agora mesmo.

Referências

AGUIAR, L. *Gestalt-terapia com crianças*. São Paulo: Summus, 2014.

CESTAROLI, A. *Conectando pais e filhos*. Rio de Janeiro: Conquista, 2018.

NELSEN, J. *Disciplina Positiva*. Barueri: Manole, 2015.

SIEGEL, D.; BRYSON, T. *O cérebro da criança*. São Paulo: nVersos, 2015.

WINNICOTT, D. *O brincar e a realidade*. São Paulo: Ubu, 2019.

26

PARENTALIDADE ENCORAJADORA E EDUCAÇÃO EMOCIONAL

Neste capítulo, pais e filhos encontrarão um direcionamento à construção de relacionamentos firmados em respeito e amor. Atuar de modo consciente e efetivo na educação das emoções propiciará o desenvolvimento de habilidades sociais e de vida, o que resultará no bem-estar psicológico de toda a família.

REGINA BARRETO

Graduada em Psicologia, educadora parental, especialista em Terapia Familiar Sistêmica, facilitadora do programa *Encorajando Pais*, facilitadora de Oficinas das Emoções com crianças e famílias. Sua missão é ajudar famílias a construírem relações de Respeito e Amor.

Regina Barreto

Contatos
maia-barreto@uol.com.br
Instagram: @psireginabarreto
Facebook: Psireginabarreto
85 98878 6518 / 85 98165 6518

> *Os filhos não precisam de pais gigantes, mas de seres humanos que falem a sua linguagem e sejam capazes de penetrar-lhes o coração.*
> AUGUSTO CURY

A parentalidade apresenta uma concepção de cuidados e educação designada àqueles que se responsabilizam e assumem um papel legal referente a outro indivíduo, iniciando desde a sua gestação. Pais são os principais agentes de transformação na vida dos filhos, sendo os potenciais influenciadores no desenvolvimento emocional e comportamental deles. O que acontece na infância, não fica na infância. As emoções preparam o corpo para enfrentar as circunstâncias da vida, e aos pais cabe a função de conduzir seus filhos.

A saúde emocional é tão importante quanto a saúde física na infância. Os vínculos afetivos estabelecidos nos primeiros anos de vida desenvolvem um senso de segurança na criança e a ligação emocional com os pais as tornam capazes de se relacionarem com base no formato afetivo que receberam e, consequentemente, aprenderam. Filhos reproduzem as ações de seus pais.

A educação inicia em casa. Pais educam quando interagem com seus filhos. Pais felizes criam filhos felizes. O desenvolvimento das habilidades socioemocionais dependerão do que está sendo posto em prática. O tempo investido em treinamento e na conexão entre pais e filhos determinará o estilo parental exercido no seu lar e influenciará nas próximas gerações. Qual o adulto que você deseja que seus filhos sejam?

> *Se quisermos que nossos filhos amem e se aceitem como são, nossa tarefa é amar e nos aceitar como nós somos.*
> BRENÉ BROWN

Aceitar a vulnerabilidade é o primeiro passo a ser dado na educação emocional. Compartilhar sentimentos, experiências, demonstrar incertezas, limites, confiar em expor seus pensamentos e suas emoções é vincular-se, envolver-se, é expressar coragem. Para muitos pais, demonstrar suas fragilidades e não conseguir corresponder a algumas de suas próprias expectativas gera neles culpa e os paralisa. Fugir das emoções gera um isolamento, fecha as possibilidades de conexões.

Na família, os pais como responsáveis pelo estabelecimento do vínculo necessitam investir tempo para conectar-se. É no ambiente familiar que ocorre a primeira educação das emoções, porém os filhos precisam sentir proximidade e acolhimento para viver essa experiência. Apreciar os erros como novas oportunidades de aprendizado é uma forma de abrir fronteiras aos filhos e reduzir as resistências deles para que se sintam aceitos pelos pais e livres para expressarem suas emoções.

A regulação emocional é fundamental para desenvolver habilidades sociais harmoniosas durante toda a vida. Pais que semeiam amor na vida de seus filhos contribuem para que eles tenham mais possibilidades de cuidar de si e de outros, no entanto, observa-se que existem muitos adultos com sentimentos de rejeição, inferioridade e muitos outros problemas emocionais. Nem sempre o que os pais investem na vida de seus filhos está sendo recebido. A expressão e a aceitação precisam ser verificadas e os sentimentos validados.

Pais, estejam presentes, observem, perguntem, identifiquem as emoções, conversem sobre suas limitações e as dificuldades de seus filhos, respeitem a particularidade de cada um e criem juntos oportunidades para expressarem suas emoções, se conhecerem melhor e estarem mais perto.

Há dois princípios fundamentais para desenvolver o equilíbrio das emoções: pensar antes de agir e conhecer para aprender. Como educadores, estamos levando informações ou procurando compreensões? É preciso estabelecer relação, conexão e interação.

Ser provedor de um lar não significa ser o conhecedor de tudo. Não seja um manual de regras para seus filhos, mas um lugar incrivelmente desconhecido que desejem visitar. Abra possibilidades de compartilhar histórias e vivências. Cativem seus filhos pela afetividade, investindo no diálogo, em um tempo juntos. Fale pouco, escute muito. Semeiem ideias e abram possibilidade novas para seus filhos participarem da rotina do lar.

Estratégias para falar das emoções em família

- Estabeleçam um horário para um tempo em família diário, assim vocês terão a oportunidade de gerar conexão. Usem a criatividade conforme as idades dos filhos e os interesses deles;
- Escolham um jogo de tabuleiro, um filme, e vivam esse momento em família. Estejam atentos aos olhares, expressões, falas de cada um. Aproveitem esse momento para relaxar, se divertir e conhecerem mais o universo interno um do outro, sem julgamentos;
- Em famílias com crianças pequenas, invistam em atividades como desenhos, massinha de modelar, pinturas em telas e outras que explorem as emoções primárias: alegria, tristeza, raiva, medo, introduzindo também aquelas que estiverem bem presentes no cotidiano da família, como ciúme, saudade, vergonha etc.
- Em famílias com adolescentes, realizarem alguma atividade envolvendo algo do cotidiano deles e os encorajando a contribuir na realização de atividades em que se sintam produtivos. Atenção às perguntas, falas e linguagem não verbal.
- Semáforo da família: essa é uma sugestão de atividade para famílias com filhos a partir dos 10 anos. Cada membro da família fará um semáforo com as cores vermelho (negativo) e verde (positivo) e, ao lado de cada cor, escreverá uma atitude de cada pessoa da casa que lhe gera insatisfação e satisfação, respectivamente. Após todos terem feito a sua atividade, serão compartilhados em grupo os resultados de cada um. O intuito dessa atividade é identificar o que gera bem-estar no outro

e conhecer também aquilo que o desagrada, auxiliando, assim, todos na prática dos dois princípios para desenvolver o equilíbrio das emoções: pensar antes de agir e conhecer para aprender.

> *O que você quiser que seus filhos façam, é melhor fazer primeiro.*
> JANE NELSEN

Na jornada de uma família é necessário que haja flexibilidade para que a parentalidade seja exercida de forma eficaz. Educação e treinamento são condições para o desempenho de qualquer função com êxito, logo, aprender sobre o desenvolvimento infantil e o cérebro do adolescente são passos que te nortearão no processo de crescimento em família.

A autorregulação requer conscientização e tempo. Criar filhos envolve aprendizado e autoconhecimento. Cada membro da família possui suas particularidades e não ajudará fazer comprações entre um e outro. Cada filho é único, assim como cada genitor também o é. Um primeiro exercício que auxiliará na construção de um lar harmonioso é avaliar as fragilidades e as demandas. Não existem pais perfeitos, nem filhos perfeitos; o que importa é investir no bem-estar pessoal de cada um, considerando saúde física, mental e relacional.

A segunda etapa inicia quando a autoridade é estabelecida na família de modo firme, porém, a gentileza deve fazer parte desse cenário, servindo como ponte no acesso entre pais e filhos. Pais precisam acolher, orientar e escutar. Empatia, respeito e amor são três valores essenciais no processo de conexão, independentemente da idade de seus filhos.

> *Não existe criação perfeita, mas há modos de entender melhor nossas vidas para que possamos avançar em direção a formas autênticas de relacionamento que sejam favoráveis a nossos filhos e a nós mesmos.*
> DANIEL SIEGEL

As experiências relacionais que são investidas nos primeiros anos de vida da criança impactam no seu aprendizado referente aos vínculos que estabelecerão ao longo da vida. Esses modelos influenciarão no seu modo de sentir, pensar, comportar e se conectar com o outro. Para o investimento em um vínculo seguro é necessário pais responsivos, que transmitam interesse pela criança, envolvam-se com os cuidados e sejam empáticos, fortalecendo, assim, os laços afetivos e gerando sentimentos de autoconfiança.

Com o decorrer dos anos os filhos crescem, e na adolescência a comunicação se torna ainda mais necessária, considerando que nessa fase da vida a repressão severa não contribuirá no relacionamento entre as gerações. Respeitar significa integrar, fazer parte do universo deles. Sejam quais forem as circunstâncias, é estruturante para o jovem sentir que tem um lugar na família, e que lá ele está seguro e amparado.

Estratégias parentais para crianças

Crianças são seres sociais e o seu primeiro objetivo através de seus comportamentos é se sentirem aceitas. O sentimento de aceitação e importância faz parte do ser social, logo, quando uma criança apresenta-se malcomportada, ela precisa ser encorajada. Ensinar a criança a pensar por meio de perguntas e compartilhar tarefas com ela aumentarão seu senso de aceitação, ensinando-lhe, assim, habilidades de vida e incluindo-a no pertencimento social.

Crianças são excelentes observadoras, e precisam enxergar nos pais aquilo que se deseja obter nelas. Se os pais cometem um erro e o reconhecem pedindo desculpas e buscando ajuda, eles apresentam para os filhos que os erros são oportunidades para o aprendizado e que não é preciso haver condenação caso algo saia do controle.

Crianças precisam de investimento de tempo para o treinamento de suas habilidades. Quando os pais se dedicam e fazem algo com os filhos até que estes adquiram segurança para realizar a atividade sozinhos, subjetivamente estão dizendo: "Eu me importo com você." Supervisão é importante, porém a condução pode ser de forma lúdica. Use a criatividade para redirecionar seu filho caso ele esteja fazendo algo que não agrade, e transforme esse momento em diversão.

Os pais são os condutores. Estabeleçam um quadro de rotinas juntos, mas não espere que a criança dê conta de cumprir tudo sozinha. Esteja atento e interaja. Gentileza e firmeza, sempre. É através do encorajamento dos pais que as crianças iniciarão seus pequenos passos rumo ao progresso, e em breve isso virará uma rotina. A paciência e a persistência são dois ingredientes fundamentais para o sucesso no desempenho das habilidades parentais e, com a prática delas, sua família terá uma caminhada mais produtiva e feliz.

Estratégias parentais para adolescentes

O cérebro de um adolescente não é de um adulto ainda, e é na fase da puberdade que eles buscarão sua independência da unidade familiar, então, tentar controlá-lo não funcionará. Envolvam-no em momentos de família e invistam em um tempo especial de relacionamento.

Firmeza e gentileza precisarão ser praticadas na rotina da família. Antes de corrigir ou criticar, conectem-se de alguma forma com o seu filho adolescente. Planejem um momento para estarem próximos e então celebrem a oportunidade de olharem juntos para os erros, investindo em soluções possíveis que poderão buscar para resolver o que não está alcançando o esperado. Escutem, validem os sentimentos, façam contato visual, sejam curiosos, demonstrem empatia.

Escutem-no, invistam no senso de humor. Uma companhia agradável sempre será mais desejada. Os pais precisam ser vistos como um apoio, alguém que impulsiona, compreende, que promove sensação de pertencimento e amor ao filho. Todo comportamento tem um propósito mesmo quando não explicitado. Todos desejam reconhecimento, atenção e validação de seus sentimentos. Muitas vezes o envolvimento em atividades de risco ou situações tensas é a forma que o adolescente encontra de expressar suas potencialidades e ser visto.

Convidem, incentivem, encorajem o adolescente a participar de atividades, dando-lhes oportunidade de contribuir e demonstrar sua autonomia em alguma área que já possa desenvolver sozinho. Nessa fase, o interesse pelo universo adulto cresce, sendo bastante positivo compartilhar as atividades do dia a dia adulto e até mesmo profissional com eles.

> *Ser um pai/mãe plenamente atento é desacelerar, ser menos ocupado, ser menos diretivo com seus filhos e fazer um esforço para entrar no mundo deles.*
> JANE NELSEN

A parentalidade é uma função exercida pelos pais na vida de seus filhos e a cada família cabe a definição de seus padrões, valores e princípios estabelecidos que serão repassados de geração a geração. Quando adultos, crianças e adolescentes experimentam alegria, harmonia, respeito e amor em seus lares, eles os espalharão em todos os seus relacionamentos durante sua vida.

A maneira como nos relacionamos projeta resultados diretos nas habilidades sociais e de vida que serão aprendidas. Uma família que investe na educação emocional de seus filhos contribui para uma nova geração empática, solucionadora de conflitos e que promoverá o respeito e o acolhimento ao outro. Potencializar o autocontrole emocional requer dedicação, treinamento e acompanhamento, sendo fundamental estar presente.

Criar filhos requer investimento de tempo, empatia e amor. Como seres imperfeitos, todos buscamos aceitação, conexão e a paz, que só será estabelecida se houver respeito. Limites com firmeza, mas com gentileza! Pais são provedores, mas também inspiração para as próximas gerações. Conhecer para aprender, dedicando atenção a cada dia a cada um que compõe a família, acolhendo as diferenças para que, juntos, pais e filhos, desfrutem de um lar harmonioso e contribuam para um mundo melhor.

Referências

BROWN, B. *A coragem de ser imperfeito.* Rio de janeiro: Sextante, 2016.

CHAPMAN, G.; WARDEN, S. *Ah, se eu soubesse!* São Paulo: Mundo Cristão, 2019.

CURY, A. *Pais brilhantes: professores fascinantes.* Rio de Janeiro: Sextante, 2003.

LEAL, B.; RODRIGUES, L. S. *Oficina das emoções: teoria e prática.* São Paulo: APMC, 2019.

NELSEN, J. *Disciplina Positiva.* Barueri: Manole, 2015.

NELSEN, J.; LOTT, L. *Disciplina Positiva para adolescentes.* Barueri: Manole, 2019.

NELSEN, J.; BILL, K.; MARCHESE, J. *Disciplina Positiva para pais ocupados.* Barueri: Manole, 2020.

NELSEN, J. *O espaço mágico que acalma.* Barueri: Manole, 2020.

SIEGEL, D. *Cérebro adolescente: a coragem e a criatividade da mente dos 12 aos 24 anos.* São Paulo: nVersos, 2016.

27

COMO IDENTIFICAR NAS CRIANÇAS SUAS NECESSIDADES EMOCIONAIS E O QUE PODEMOS FAZER PARA SATISFAZÊ-LAS?

Neste capítulo, os pais poderão refletir e compreender as necessidades emocionais dos seus filhos e encontrar ferramentas que podem ser utilizadas para ampliar suas habilidades parentais a fim de promover, nos filhos, conexão e senso de pertencimento, proporcionando a eles condições favoráveis ao seu desenvolvimento social e emocional.

REJANE REIS FERREIRA SANTOS SILVA

Rejane Reis Ferreira Santos Silva

Psicóloga (CRP 04/38.626), psicoterapeuta cognitivo-comportamental, especialista em educação especial e inclusiva, pós-graduanda em neuropsicologia e facilitadora do programa de educação parental *Encorajando Pais*. Coautora do baralho terapêutico *Fazendo as Pazes com a sua História*, ferramenta lúdica e interativa que oportuniza a dupla terapêutica compreender e refletir sobre a história de vida do paciente. Trabalhou com oficinas terapêuticas, adequando recursos para aplicar técnicas e acessar os conteúdos profundos do ser humano. Foi professora de cursos de graduação e pós-graduação em Psicologia. Realiza grupos de estudos com profissionais e estudantes de Psicologia.

Mora em Patos de Minas (MG), onde faz atendimentos presenciais de crianças, adolescentes e adultos. Também realiza atendimentos on-line para diversas partes do Brasil e do mundo.

Contatos
Instagram: @rejanereispsicologa
YouTube: Rejane Reis Psicóloga
34 99891 4024

Quando descobrimos que seremos pais, já começamos a elaborar o projeto de vida dos nossos filhos. Planejamos o nascimento, pensamos com quem dividiremos os primeiros cuidados, quando começarão a frequentar o maternal, como será o primeiro dia na escola, qual profissão eles terão quando crescerem e quão bem-sucedidos eles serão.

Pensamos no melhor para os nossos filhos e damos a eles a melhor educação que podemos; muitas vezes aquela que aprendemos com os nossos pais. E por mais que tenhamos a melhor das intenções, muitas vezes falhamos na certeza de que estamos fazendo o melhor, de que estamos oferecendo a eles tudo que precisam para crescerem seguros, felizes, inteligentes e resilientes para lidar com a complexidade das suas escolhas e dar conta de sua vida no mundo.

Porém, como psicólogos, testemunhamos, todos os dias, pais cansados e desesperançosos com os problemas comportamentais dos filhos. Vemos muitas crianças com comportamento não adequado a ambientes e situações em que estão inseridas; por outro lado, adultos inseguros, deprimidos, isolados e desconfiados, muitas vezes com um vazio persistente ou com problemas de autoestima.

Diante disso, os pais se sentem impotentes, desamparados e, muitas vezes, deprimidos e sem habilidades para lidar com os desafios da parentalidade, sentem-se sem controle e sem previsão sobre os comportamentos dos filhos.

Práticas educacionais tradicionais pautadas em punições, recompensas, negligências ou superproteção podem até coibir, por ora, o mau comportamento, mas, em longo prazo, podem configurar em uma das violências mais emblemáticas que podemos cometer contra nossos filhos. Essas crianças podem crescer desencorajadas, muitas vezes revoltadas ou submissas, se sentindo fracassadas, defeituosas ou mesmo incompetentes, o que poderá afetar suas relações para o resto da vida.

Assim, neste capítulo, irei compartilhar aprendizados a fim de que os pais compreendam as necessidades dos seus filhos e se fortaleçam em seu papel de parentalidade. Apresento ferramentas que podem ser utilizadas para ampliar suas habilidades e promover conexão e senso de pertencimento nos filhos, promovendo o bom comportamento e proporcionando a eles condições melhores para o seu desenvolvimento social e emocional.

Como identificar nos nossos filhos aquilo que eles precisam que façamos por eles?

De acordo com Wainer (2016), o suprimento das necessidades emocionais infantis é a matéria-prima essencial para a saúde mental. O grande problema é que não sabemos como satisfazer essas necessidades e, muitas vezes, não sabemos nem quais são. Mas calma! É justamente o que vamos aprender aqui.

Mas, primeiro, precisamos falar sobre a influência do temperamento, ou seja, a natureza da criança irá demarcar a "quantidade" das necessidades emocionais a serem supridas em cada momento crítico do desenvolvimento (WAINER, 2016). Assim, algumas crianças são mais tímidas e outras mais sociáveis, algumas mais passivas e outras mais agressivas, algumas mais ansiosas, outras mais calmas. Desse modo, algumas crianças podem precisar de muito mais limites afetivos, outras podem requerer maior demonstração de afeto e outras podem precisar de muito mais cuidado e presença física.

Isso explica por que não devemos dar tratamento igual para todos os filhos e porque entender as características do temperamento de cada um nos auxilia no ajuste de nossas ações para que possamos dar o nosso melhor, nos tornando pais mais eficientes, mais bem adaptados às necessidades específicas dos nossos filhos, de sorte que possamos atendê-las satisfatoriamente.

Segundo os estudiosos Jeffrey Young, Janet Klosko e Marjorie Weishaar (2008), durante o desenvolvimento emocional e da personalidade, passamos por cinco estágios em que temos necessidades específicas universais, ou seja, são comuns a todas as crianças, mas variam em dimensões (devido ao temperamento) e períodos de vida diferentes.

A seguir, baseando nos estudos dos autores citados anteriormente, apresento as necessidades emocionais infantis de acordo com cada estágio, bem como o que pode ser feito pelos pais nesta trajetória. As ferramentas apresentadas são baseadas na Disciplina Positiva (NELSEN, 2015).

Primeiro estágio

No primeiro estágio, as principais necessidades são de afeto, aceitação, vínculos seguros e pertencimento. Essas necessidades são supridas quando a criança entende que existe uma previsibilidade afetiva, que ela é aceita e amada e que os adultos estarão ali para satisfazer as suas necessidades básicas. Isso contribui para que ela desenvolva outras habilidades de conexão e autocuidado, necessárias para enfrentar estresses posteriormente na vida adulta (WAINER, 2016).

Os primeiros laços afetivos da criança se formam quando ela ainda é bebê. Sorria para ela e olhe nos seus olhos, pois isso gera conexão. Os pais também podem estimular a criança com carícias e abraços. O contato físico é uma das formas de demonstrar carinho e afeto.

O choro é uma forma de a criança comunicar que algo não está bem com ela. A criança pode estar doente, sentindo-se sozinha ou com fome, sede, frio etc. Entenda o motivo do choro e atenda às necessidades dela. Assim, ela se sentirá mais segura ao perceber que tem suas necessidades supridas quando precisar.

Ofereça previsibilidade à criança, ou seja, crie rotinas e seja o mais pontual possível – por exemplo, busque-a na escola no horário marcado. Do mesmo modo, participe dos eventos importantes para a criança, como apresentações em escolas e festas de aniversário. Assim, você evitará sentimentos de desamparo e abandono na criança.

Segundo estágio

No segundo estágio, as principais necessidades são senso de autonomia, competência e sentimento de capacidade. Está relacionada ao quanto os cuidadores estimulam a criança a ter autonomia e independência para fazer as coisas sozinhas. No entanto, muitas vezes, a relação entre os pais e a criança torna-se por demais entrelaçada, ou seja, cria-se uma dependência emocional excessiva de um com o outro nessa relação, em que o sentimento de autonomia fica comprometido, acarretando sentimento de vazio, fracasso e desorientação. Além disso, muitas vezes, os pais superprotegem a criança, o que leva à diminuição de sua autoestima e autoconfiança, necessárias para enfrentar situações problemáticas de forma proativa e racional.

Incentive a autonomia e as opiniões do seu filho. À medida que ele for crescendo, permita a realização de tarefas proporcionais à sua idade, como guardar os brinquedos, colocar comida para o cachorro, regar as plantas ou colocar a louça suja na pia. Estimule também o autocuidado por meio de tarefas como escovar os dentes, tomar banho, vestir roupas, calçar os sapatos etc.

Você também pode auxiliar a criança a tomar decisões, oferecendo escolhas limitadas para que ela possa decidir pelo que deseja. Você pode perguntar: "Filho, você quer vestir a camiseta vermelha ou a verde? Você escolhe". E também usar perguntas curiosas para estimular a resolução de problemas, tais como: "O que aconteceu?", "Como você se sentiu a respeito disso?", "O que você aprendeu com isso?", "Que ideias você tem para resolver o problema?" Assim, você estimulará a tomada de decisão da criança e ela poderá desenvolver o senso de competência e pertencimento.

Terceiro estágio

No terceiro estágio, as principais necessidades são limites adequados, com afeto e reciprocidade; famílias caracterizadas pela permissividade (excesso de permissão) e falta de orientação à criança quanto ao que é certo ou errado tendem a não suprir adequadamente essas necessidades e, como resultado, isso pode influenciar na vulnerabilidade emocional, na capacidade de tolerar frustrações e adiar gratificações imediatas para conquistar objetivos em longo prazo e resultar em falta de empatia e consideração pelas necessidades do outro.

Estabeleça limites de forma respeitosa, levando em conta tanto as necessidades da criança como as do adulto. Quando estabelecemos limites levando em conta as necessidades de ambos, estamos sendo gentis e firmes ao mesmo tempo (NELSEN, 2015). Gentis quando consideramos o que a criança necessita naquele momento e firmes olhando para as nossas necessidades enquanto adultos diante das necessidades da situação. Esse é o meio-termo entre o autoritarismo e a permissividade.

Você pode realizar reuniões de família, que é uma ferramenta da disciplina positiva (NELSEN, 2015). Na reunião, vocês podem estabelecer juntos uma rotina para ser seguida, envolvendo as crianças nos combinados e nas decisões. Quando elas ajudam a criar as regras e participam dos acordos e da resolução dos problemas, tornam-se mais comprometidas em seguir essas regras.

A orientação e os limites são fundamentais para que a criança desenvolva o senso de responsabilidade, aprenda a assumir compromissos, respeite os direitos das outras pessoas e compreenda as regras da sociedade.

Quarto estágio

No quarto estágio, temos como necessidade a liberdade de expressão autêntica das emoções e dos sentimentos. Assim, é essencial que os pais compreendam como legítimos os sentimentos e opiniões da criança, permitindo que os expresse, sem rejeição ou punição. Todavia, algumas famílias tendem a suprimir a comunicação emocional da criança nesse sentido, especialmente quando na presença de outras pessoas. Um bom exemplo é quando a criança tem comportamento de birra e os pais impõem que pare, sem validar sua necessidade de expressar a raiva. Quando isso acontece, a criança pode atender excessivamente aos desejos de outras pessoas em vez dos seus próprios, como forma de obter aprovação e reconhecimento.

Ajude a criança a reconhecer e nomear o que está sentindo. A emoção muitas vezes é acompanhada por sensações corporais e fisiológicas que podem ser muito assustadoras para a criança. Aprender sobre quais são as emoções e para que elas servem pode ajudá-la a encontrar maneiras adequadas para expressar o que está sentindo.

Você pode construir com a criança um espaço da calma. Nele poderá ter tudo que ajuda a criança a se acalmar: canetinhas, lápis, desenhos para colorir, um ursinho de pelúcia, massinha, bolhas de sabão, livros de histórias, jogos etc. Se na casa não tem o espaço suficiente, vocês podem fazer a caixa da calma e colocar todos esses utensílios dentro e a criança poderá utilizá-los toda vez que estiver tentando se acalmar.

Algumas crianças se acalmam ouvindo uma música, assistindo televisão, buscando colo ou simplesmente ficando deitadas quietinhas. Descubra o que funciona melhor para ela e ofereça aquilo que ela precisa para se acalmar.

Aceite e respeite os sentimentos do seu filho, sente para conversar com ele. Numa situação em que a criança esteja agindo de forma desrespeitosa, demonstrando raiva e ultrapassando os limites, tenha autocontrole. Não se importe com o julgamento dos outros sobre esse comportamento inadequado; pense em seu filho. Se estiver em um local público, procure um ambiente mais tranquilo para que a criança possa se acalmar. Não ceda à birra, mantenha-se seguro diante dela. Procure conversar com a criança e entender as suas necessidades; deixe que ela se expresse para somente então esclarecer a razão de seu comportamento não ser o adequado.

Quinto estágio

No quinto estágio, a criança tem necessidade de prazer, diversão, de momentos felizes com a família. Os pais precisam estimular a criança a ter momentos espontâneos de lazer e curiosidade para que ela possa reconhecer a leveza e os aspectos lúdicos da vida. Quando essa necessidade não é suprida, a criança pode desenvolver uma supervigilância em relação a eventos negativos e um sentimento de pessimismo e tristeza diante da vida.

Desenvolva com o seu filho atividades lúdicas e divirta-se com ele fazendo atividades voltadas ao lazer. Brincadeiras de esconde-esconde, de correr atrás, guerra de travesseiros, construção de uma cabana com o lençol e jogar bola são exemplos. Descubra o que o seu filho gosta e divirta-se com ele. Brincar com os filhos é essencial, constitui momentos mágicos e altamente educativos.

Facilite a interação do seu filho com seus pares, permitindo que ele frequente outros ambientes sociais, como clubes e recreações, para que ele possa brincar e se divertir com outras crianças.

Quando a criança recebe boas doses de afeto, segurança, conforto emocional e os pais valorizam suas escolhas e lhe oferecem previsibilidade afetiva, ela se sente amada, respeitada, sente que tem um lugar no mundo e vai desenvolvendo autocontrole, autoconfiança, autoestima e outras habilidades sociais e de vida, que têm um impacto positivo no modo como ela pensa, age e se relaciona com outras pessoas.

Referências

NELSEN, J. *Disciplina Positiva*. Barueri: Manole, 2015.

WAINER, R. et al. *Terapia cognitiva focada em esquemas: integração em psicoterapia*. Porto Alegre: Artmed, 2016.

YOUNG, J. E.; KLOSKO, J. S.; M. E.; WEISHAAR. *Terapia do esquema: guia de técnicas cognitivo-comportamentais inovadoras*. Porto Alegre: Artmed, 2008.

28

DESVENDAR-SE
UM CAMINHO DE DESCOBERTAS INTERNAS NA PARENTALIDADE

Este capítulo pretende apontar caminhos para ampliar a consciência sobre o que há por trás dos comportamentos, emoções e ações, nas relações que envolvem a parentalidade. Os desafios que encontramos na educação de filhos podem revelar segredos do inconsciente capazes de ajudar a refletir sobre sua própria história e a encontrar novos caminhos para melhorar as relações.

SILMARA A. Z. M. FRANZESE

Silmara A. Z. M. Franzese

Psicóloga, graduada em 1994, pela Universidade São Marcos; especialização em Psicologia Junguiana, em 2003, pela Facis-IBEHE; especialização em Acupuntura e Medicina Tradicional Chinesa, em 2006, na Integrativa, Centro de Terapias Naturais; pós-graduação em Planejamento, Implementação e Gestão da Educação a Distância pela UFF em 2018. Facilitadora do programa *Encorajando Pais*. Formações complementares: Arteterapia, Hipnose, Gamificação para Psicólogos, Mitologia e Astrologia. Idealizadora do jogo *Desvendar Interior*®, recurso terapêutico para profissionais, que ajuda a promover a expansão da consciência nas esferas física, emocional, mental e espiritual de sua jornada de vida em 12 áreas da vida. Atendimentos presenciais e on-line a adolescentes e adultos, contribuindo com o ganho de consciência com abordagem sistêmica e integrativa.

Contatos
www.silmarafranzese.com.br
silmarafranzese11@gmail.com
Instagram: silmarafranzese
YouTube: SILMARA FRANZESE
Facebook: Silmara Mostaça Franzese
WhatsApp: https://bit.ly/3q0SIhH

A busca por autoconhecimento é um caminho que percorremos desde o momento que ganhamos consciência de nós mesmos. A consciência é uma peça fundamental para a chave do "desvendar interior". No entanto conseguimos ficar conscientes de nós mesmos apenas em alguns momentos. A maior parte do tempo agimos por força de uma parte que nos é desconhecida, ou seja, o nosso inconsciente.

Para entendermos como isso afeta nossas relações parentais, vamos usar a metáfora do fruto da semente de carvalho. O carvalho é uma árvore de grande porte, que tem potencial para atingir mil anos de idade; vive melhor em regiões de clima temperado, suas folhas são características de sua espécie com variações, com flores cilíndricas e sem pétalas e seus frutos são consumidos pela fauna variada de esquilos, javalis, porcos etc.

Se colocarmos uma semente do fruto do carvalho em um vaso, o que irá acontecer?

É bem provável que ela não se desenvolva em sua plenitude potencial. Ela pode até ser cultivada para que se torne um bonsai – plantas cultivadas em pequenos vasos com crescimento controlado, para criar uma versão em miniatura, na forma de uma árvore.

Você deve estar se perguntando: mas o que isso tem a ver com os seres humanos?

Quando nascemos carregamos um potencial a ser despertado e desenvolvido. Somos únicos e com talentos e potenciais inatos, e cabe ao grupo familiar auxiliar no crescimento, desenvolvimento e criar condições para que cada membro da família se desenvolva em sua plenitude.

Ser pai e mãe nessa jornada é um convite a despertar seu melhor e estimular os filhos a despertarem o melhor de si e do outro. Tirar o filho do isolamento e estimulá-lo a participar da vida, se aventurar a empreender uma convivência saudável e respeitosa, faz parte dessa construção do processo de tornar-se um indivíduo completo.

Esse fato aponta para o processo de individuação, que é a pessoa se tornar completa, segura e encorajada. Isso só se faz possível quando aprendemos a nos conhecer.

Quando nos permitimos mergulhar no processo de autoconhecimento, abrimos a porta para a solução de muitos conflitos e problemas. Aprender a lidar com as expectativas, com o negativo, com as emoções, com o positivo pode ser uma meta alcançável.

Assim como a planta precisa de água, alimento e espaço para se desenvolver, o corpo precisa de alimento para se manter, e a personalidade precisa de experiências para seu crescimento e desenvolvimento.

Quando somos crianças, aprendemos com nossos familiares e com o ambiente em que estamos. Observamos os sons, os gestos e as ações e captamos aquilo que nos é apresentado, a comunicação verbal e não verbal, as expressões, as reações e as atitudes. Se o ambiente é seguro, a confiança se instala e é possível se expressar de maneira verdadeira em sua essência. Se o meio é hostil, é provável que a verdade interna seja preservada e o medo se instale. Ocorre que todos temos a necessidade de sentir que pertencemos ao grupo que estamos.

Desvendar o que está atrás da comunicação, de um comportamento que expressa uma emoção é um desafio para todos nós. Mas, afinal, como desvendar o que está escondido na nossa parte inconsciente?

Convido você a mergulhar numa jornada que chamarei de Desvendar Interior. Está pronto?

Pense em um tesouro escondido e em um mapa do tesouro que irá ajudá-lo a chegar no destino, que é a missão: **encontrar o tesouro escondido**.

O **primeiro desafio** é descobrir quem eu sou e quais talentos tenho no mundo. Esta aventura começa no escuro, mas, se no caminho encontro um pai e mãe que me acompanham e oferecem uma lanterna e uma bússola, já é possível começar a jornada. Para sobreviver é necessário alimento, água e abrigo, essenciais para a nossa **sobrevivência**.

Faço aqui uma pausa positiva para lembrar que quando nossas necessidades básicas não são atendidas, ou quando nos sentimos ameaçados de alguma maneira, ficamos muito furiosos e a raiva entra em ação. Isso acompanha nossa vida; aprender o que nos causa desconforto, onde pressentimos perigo ou acreditamos que as coisas estão fora do controle.

Nesse momento, começamos a sentir que somos separados e incompletos, procurando culpados e querendo consertar algo. Convido você a lembrar do bonsai no vaso lá do início da história. Vamos aprender a lidar com as emoções e reconhecer o que estamos sentindo e o que falta para nos ajustar.

Hora de deixar o outro ser um carvalho. Fazemos isso quando, enquanto adultos, cuidamos de nossas emoções. Perceba o que te afeta e qual decisão você pode tomar para aprender com as suas emoções e ajudar as crianças e adolescentes a cuidarem das deles.

As **palavras-chave** do mapa são: **reconhecer, acolher** e **ressignificar suas emoções**. Nessa fase da vida que corresponde à infância e que avança para sempre, podemos observar a **área física**, de preservação básica e de sobrevivência e a preservação e reconhecimento da **área emocional**.

Segundo desafio: seguimos e recebemos instrução (escola, estudos, desenvolvimento do raciocínio em nossa jornada) – **área mental**, aprendemos com o que vemos e ouvimos e vamos identificando e decodificando, interpretando e percebendo o que nos faz sentido. A depender da flexibilidade que temos em receber novas informações, podemos ativar uma área de percepção que nos aponta novos caminhos e conexões, ou podemos fechar e engessar, acreditando que não conseguimos aprender, sem contar aqui as dificuldades cognitivas especiais.

O aprendizado é: não comparar-se, aprender a avançar, receber os estímulos e encorajamentos necessários para facilitar o processo de construção do pensamento. Quando uma criança é criticada em sua capacidade cognitiva, sua emoção fica comprometida e ela interrompe o fluxo da vida, por medo de não corresponder e não ser aceita pelo grupo. Aqui a pausa positiva envolve a família, a escola, a capacidade de se olhar, além dos limites visíveis, buscando identificar em si e no outro: **como eu aprendo e como eu me desenvolvo**.

Alguns sintomas podem aparecer e a falta de uma comunicação mais assertiva entre as partes envolvidas pode agravar a situação. Nesse caso, **as palavras-chave são: reconhecer seus talentos e limites, desenvolver habilidades e aperfeiçoar.** Quando percebemos que somos diferentes e que cada um é único, passamos a perceber que o encorajamento é descobrir qual o talento natural e estimular o que você e o outro têm de melhor.

Estamos em uma sociedade que busca enquadramento e rótulos e esse é um caminho contrário à felicidade. Uma criança encorajada a dar ideias e estimulada a aprender, configura um adulto que irá contribuir com a evolução da sociedade.

Mais uma parte do mapa. As **palavras-chave** são: **permita que seu filho expresse suas ideias, explore possibilidades, crie e seja curioso** e **explorador**. Aprender a **não julgar, nem rotular**, ao invés disso, **explorar** e **construir**.

O reforço de rótulos e julgamentos desencoraja que a verdadeira essência da pessoa se revele. Encontre um diálogo acolhedor, uma abordagem que permita a abertura e a confiança.

Terceiro desafio: descobrir de onde viemos e para onde vamos é um grande **mistério a explorar.** O que acreditamos determina o rumo que daremos a nossas vidas. Observe o quanto de mistério há, gerando curiosidade e fantasias.

Além de nossa herança genética, temos uma história familiar que nos acompanha e exerce um importante papel e influência em nossa jornada. Os segredos em família ou a parte que desconhecemos ocupa uma parte importante que merece nossa atenção. O autoconhecimento implica em **conhecer nossa origem** e viver o momento presente, baseado em nossos valores e passamos a tomar decisões que determinam nosso futuro.

A **palavra-chave** é a **verdade**. Quais mentiras você conta para si mesmo e para os demais? Quem você está tentando proteger? O poder das perguntas assertivas contribui para ampliar a consciência de quem as escuta.

Mostre a importância e liberdade da verdade e encoraje sempre a virtude da criança ou adolescente em ser verdadeiro, ajudando-o a encarar os propósitos e objetivos, apesar de qualquer contrariedade e desafio que se apresente no caminho.

Procure fazer reuniões em família, reconheça a opinião do jovem e aprecie os comportamentos que deseja que sejam expressos como verdade. Lembre-se de que atividades em família são muito fortalecedoras para a construção dos laços de confiança, principalmente quando se permite que os sentimentos sejam compartilhados e as habilidades reconhecidas.

Crie conexão com seu filho/cliente/aluno, **encoraje-o a ser verdadeiro.** Essas ações favorecem a **construção do caráter**, auxiliam no desenvolvimento de habilidades sociais e ajuda o jovem a se sentir capaz e verdadeiro na vida.

A educação pautada em valores humanos, baseada em respeito, na valorização do outro e de si mesmo, com uma comunicação assertiva e encorajadora, transmite segurança, respeito e reciprocidade. Com isso, tenha certeza de que os resultados serão muito mais efetivos.

Para nos descobrirmos, podemos observar o quanto a natureza nos aponta caminhos simples que muitas vezes são ignorados por nós, devido à correria do dia a dia, à rotina e nosso envolvimento que, por vezes, se torna uma repetição. Vale lembrar que o que nos diferencia dos outros reinos da natureza (animal, vegetal, mineral e espiritual) é nossa capacidade de pensar, refletir, intuir e tomar decisões.

O que podemos nos lembrar com frequência é que a evolução não ignora a natureza interior que temos e que muitas vezes são negligenciadas ou ignoradas.

Observar uma criança e suas etapas de desenvolvimento tornou-se algo corriqueiro e muito se perde da experiência e do contato humano. A tecnologia chegou e com ela a velocidade, a ampliação dos estímulos e informações – uma era da instantaneidade e do descartável. A nova era nos convida a preparar os jovens a integrar o que já foi conquistado e aprendido, valorizando o ser, pedindo uma participação mais consciente com talentos despertados e valores íntegros. A família tem o papel de nutrir, dar abrigo, alimento e proteção, oferecer bons exemplos e valores. Os filhos são sedentos por aprender e estímulos não faltam. Os pais, por outro lado, sedentos por se desenvolverem e uma grande parte com excesso de trabalho.

A pergunta é: como unir pais e filhos e separar o que é de cada um em seu processo de descobrimento interno? A experiência que cada um tem para desenvolver seu potencial interno é única. Aprender a olhar para si e para o outro dessa maneira é uma grande aventura que requer muito amor, diálogo e abertura. O pai e a mãe nascem com o filho, não há manual de instrução e sim permissão para se desvendar e aprender com o processo.

A vida é uma verdadeira aventura. Conheça seu interior, aprenda a fazer perguntas, trabalhe seu autoconhecimento, curando feridas de sua criança interior. Aprenda a ser o adulto responsável que encoraja a si e aos filhos. Aprenda a se escutar, ressignificar o que precisa e tomar as decisões mais assertivas na vida.

Referências

CAMPBELL, J. *O poder do mito, com Bill Moyers*. 32. ed. São Paulo: Palas Athena, 2017.

HILMAN, J. *O código do ser: uma busca do caráter e da vocação pessoal*. 6. ed. Rio de Janeiro: Objetiva, 1997.

NELSEN, J. *Disciplina Positiva*. 3. ed. Barueri: Manole, 2015.

SIEGEL, D. J. *Cérebro adolescente: o grande potencial, a coragem e a criatividade da mente dos 12 aos 24 anos*. São Paulo: nVersos, 2016.